한국사 뛰어넘기 2

열다 지식을 열면, 지혜가 열립니다. 나만의 책을, 열다.

한국사 뛰어넘기 2
남북국 시대부터 **공민왕의 개혁 정치**까지

초판 1쇄 발행 2017년 10월 31일

글 김복미 | 그림 최미란 정인하
기획편집 김양미(K&Books) | 디자인 여희숙

ⓒ2017 김복미
ISBN 979-11-88283-15-6 74910
　　　979-11-960102-3-2(세트)

* 저작권법에 의하여 한국 내에서 보호를 받는 저작물이므로 무단 전재와 무단 복제를 금합니다.
이 도서의 국립중앙도서관 출판예정도서목록(CIP)은 서지정보유통지원시스템 홈페이지(http://seoji.nl.go.kr)와 국가자료공동목록시스템(http://www.nl.go.kr/kolisnet)에서 이용하실 수 있습니다. (CIP제어번호 : CIP2017026786)
* 책값은 뒤표지에 있습니다.

발행처 주식회사 스푼북 | 발행인 박상희 | 편집인 이대연 | 출판신고 2016년 11월 15일 제2016-000154호
제조국 대한민국 | 주소 (03968) 서울시 마포구 성미산로 29, 302호(성산동 245-15)
전화 02-6357-0050(편집) 02-6357-0051(마케팅)
팩스 02-6357-0052 | 전자우편 book@spoonbook.co.kr

* 10세 이상 어린이 제품　　　친환경 콩기름 잉크 사용

2

남북국 시대부터 공민왕의 개혁 정치까지

한국사 뛰어넘기

글 김복미 · 그림 최미란 정인하

열다

작지만 강한 나라, 고려를 찾아가 보자

"역사를 잊은 민족에게 미래는 없다."

19세기 말~20세기 초 독립 운동가이자 역사학자로 활동한 신채호 선생의 말씀이야. 과거 역사를 제대로 알지 못하면 현재를 바르게 이해할 수도, 미래의 발전을 기대할 수도 없다는 뜻이지. 우리 민족이 지나온 과거 역사는 지금의 우리를 있게 한 뿌리이며, 우리가 나아가야 할 미래의 지침이 된단다. 역사를 배워야 하는 이유가 바로 여기에 있어.

2권에서는 고려의 역사를 살펴보려고 해. 고려는 안으로 고구려, 백제, 신라의 문화를 이어받아 한 차원 높은 민족 문화를 이룩했어. 또 불교를 숭상하면서도 유교, 풍수지리 등을 널리 받아들여 다양한 문화와 사상이 잘 어우러진 나라로 발전해 갔지.

밖으로는 여러 나라와의 활발한 국제 무역을 통해 코리아를 세계에 알렸으며, 외국의 문물을 적극 받아들이고 이를 발전시켜 고려만의 독창적인 문화를 꽃피웠어. 고려 시대 우리 조상들이 빚어낸 세계 최고 수준의 인쇄술과 도자기 기술이 이를 잘 말해 주고 있어.

　고려 시대는 외세의 침략이 아주 많았던 시기이기도 했어. 그러나 우리 민족은 때로는 뛰어난 외교 전략으로, 때로는 힘을 모아 줄기찬 항쟁으로 수많은 외세의 침략을 슬기롭게 이겨 내며 나라를 지켜 냈어. 그리하여 작지만 강한 나라임을 확실하게 보여 주였지.

　이제 책장을 열고 고려의 역사를 들여다보자. 고려 시대 우리 조상들의 개방적인 자세, 창의적인 기술, 나라를 지킨 슬기와 굳건한 의지를 배울 수 있을 거야. 이 책을 읽으며 고려의 역사를 올바로 이해하고 그 속에 배어 있는 조상들의 노력을 느낄 수 있으면 해. 그렇게 느끼고 이해하며 배운 역사의 교훈을 통해 여러분은 훌륭한 미래의 주역으로 커 갈 수 있을 거야.

　그럼, 이제 고려 시대 우리 조상들의 발자취를 찾아 고려 역사 속으로 들어가 볼까?

김복미

차례

남북국 시대가 열리다 · 08
인물 인터뷰 **바다의 왕 장보고를 만나다**

고려의 후삼국 통일 · 22
만화로 보는 인물 이야기 **비운의 신라 마지막 왕자, 마의태자**

나라의 기틀을 다지다 · 36
왕실 출입 기자 리포트 **훈요 10조에 담긴 내용**

고려 시대 사람들은 어떻게 살았을까? · 50
학교 탐방 **최충의 9재 학당**

거란의 침입과 여진 정벌 · 64
120분 토론 **위기의 동북 9성, 지킬 것인가? 여진에게 돌려줄 것인가?**

이자겸의 난과 묘청의 서경 천도 운동 · 76
묘청의 서경 천도 운동 **개경이냐, 서경이냐? 그것이 문제로다**

무신들이 난을 일으키다 · 88
고려 소년의 일기 **엄마, 아빠, 울지 마세요!**

몽골의 침략에 맞선 고려 · 102
답사 여행 **팔만대장경을 보러 가자!**

원나라의 간섭과 공민왕의 개혁 · 116
이달의 필독서 **고려인들의 민족의식을 일깨운 일연의 《삼국유사》**

고려의 문화와 과학 기술 · 130
전시회 **고려 시대 예술 살펴보기**

698년
발해가 세워지다

936년
고려가 후삼국을 통일하다

958년
광종, 과거 제도를 실시하다

968년
처음으로 국사와 왕사를 임명하다

1019년
강감찬이 거란군을
귀주에서 격파하다
-귀주 대첩

1135년
묘청의 서경 천도 운동

1170년
무신들이 권력을 잡다

① 남북국 시대가 열리다

오랫동안 이어진 삼국의 전쟁은 신라의 승리로 끝이 났어. 만주와 한반도 북쪽에서는 고구려를 이어받은 발해가 세워졌어. 남쪽의 신라와 북쪽의 발해 모두 우리 민족의 역사이니 이 시기를 남북국 시대라고 부른단다. 삼국 통일 후 신라와 발해는 각각 어떻게 발전했을까? 이제부터 남북국 시대로 들어가 보자.

1232년
고려, 강화도로 천도하다
몽골의 2차 침입

1351년
공민왕이 왕위에 오르다

1364년
문익점, 중국에서
목화씨를 들여오다

평화와 번영을 누리는 신라

오랜 전쟁이 끝나고 신라에 드디어 평화의 시대가 찾아왔어. 통일 이후 신라는 해야 할 일이 많았어. 나라의 기틀을 튼튼하게 닦아야 했고 옛 고구려와 백제의 백성들을 잘 보듬어 나라의 통합을 이루는 것이 가장 큰 숙제였지. 김춘추의 손자이자 삼국을 통일한 문무왕의 아들인 신문왕은 이런 문제를 풀어 나가기 위해 굳은 다짐을 했어.

"삼국 통일을 일구어 낸 할아버지와 아버지의 큰 뜻을 이어받아 신라를 새롭고 강한 나라로 만들겠노라!"

그런데 신문왕은 왕이 되자마자 어려움에 빠졌어. 귀족들이 반란을 일으켰거든. 놀랍게도 신문왕의 장인도 이 반란에 가담했어. 통일 전쟁을 승리로 이끈 김춘추의 후손들이 계속 왕위를 이어 가자, 다른 귀족들이 불만을 터뜨린 거야.

"우리도 신라가 삼국을 통일하는 데 중요한 역할을 했는데 왜 김춘추 후손들만 계속 왕이 되는가? 우리 도움이 없었다면 통일 전쟁을 승리로 이끌 수 있었겠는가?"

신문왕은 크게 분노했어.

"왕에게 충성을 다해야 할 귀족들이 감히 반란을 일으키다니! 왕에 대한 도전은 그 누구도 용서하지 않을 것이다. 설령 왕의 장인이라도 그냥 둘 수 없다."

신문왕은 장인을 비롯해 반란을 일으킨 귀족들을 모조리 베어 버렸어. 그리고 귀족들의 힘을 누르기 위해 그들에게 주는 봉급도 줄였지. 그 후부터 감히 신문왕에게 도전하려는 귀족은 없었어.

이제 신문왕은 통일 이후의 상황에 맞추어 나라의 여러 제도를 새롭게 다듬어 통일 국가의 기틀을 다져 나갔어. 옛 백제와 고구려 백성들을 신라의 백성으로 끌어안는 데도 온 힘을 기울였지.

"옛 고구려와 백제의 지배층들이 이전에 누렸던 지위를 신라에서도 누릴 수 있게 하라! 수도를 지키는 군대도 신라 사람이든, 고구려 사람이든, 백제 사람이든 차별하지 말고 골고루 받아들이도록 하라!"

삼국의 백성들이 하나가 될 수 있도록 많은 정성을 기울인 덕분에 고구려와 백제의 백성들

신문왕이 삼국을 통일한 아버지 문무왕을 기리고자 지은 감은사 터에 지금은 석탑만 남아 있어.

도 차츰 신라의 백성으로 자리를 잡아 가게 되었어.

  이즈음 신라에는 만파식적 이야기가 떠돌았단다. 어느 날 동해의 용이 신문왕에게 귀중한 보물을 주며 말했대.

  "왕께서 밤에는 합쳤다가 낮에는 둘로 나뉘는 이 대나무로 피리를 만들어 불면 천하가 태평할 것입니다."

  왕이 그 대나무로 피리를 만들었는데, 이것을 불면 적군이 물러가고 병

이 나으며 가뭄에는 비가 오고 장마 때는 비가 그치고 바람이 멎고 파도가 잠잠해졌대. 그래서 이 피리를 '만파식적'이라 부르고 국보로 삼았다고 해. 만파식적 이야기에는 평화롭고 안정된 시대가 찾아왔다고 믿은 당시 사람들의 마음이 담겨 있어.

신문왕 때부터 50여 년 동안 신라는 평화와 번영을 누리며 전성기를 맞았어. 통일 이후 영토가 넓어졌으니 세금이 많이 걷히고 나라 살림이 풍

전성기를 이루었을 때 발해 영토는 고구려의 두 배 가까이 넓었단다.

성해졌지. 무기를 녹여 농기구를 만들면서 생산도 크게 늘어 백성들의 살림살이도 나아졌어.

당나라와의 무역도 활발해졌어. 당나라로 건너간 신라인이 늘어나면서 신라 사람들이 거주하는 곳도 생겨났지. 경주에서 가까운 울산항에는 이슬람 상인이 들어와 무역 활동을 했단다. 9세기 전반 장보고는 완도에 청해진을 세워 해적을 소탕하고 당나라와 일본과의 해상 무역을 독점했어.

고구려를 계승한 나라, 발해

통일 이후의 신라에 대해 살펴봤으니 이제 북쪽의 발해를 살펴볼까? 고구려가 멸망한 후, 고구려를 다시 일으켜 세우려는 고구려 사람들의 저항이 끊이지 않았어. 그래서 당나라는 고구려 사람들을 강제로 여러 곳에 분산시켰어.

"고구려 사람들이 한곳에 모여 살면 똘똘 뭉쳐 당나라에 맞서 저항 운동을 벌일 테니, 여러 지역으로 나눠 이주시켜야겠다."

고구려 사람들은 당나라의 여기저기로 끌려가 낯선 땅에서 힘든 삶을 이어 갔지. 대조영도 그중 한 사람이었어. 대조영은 고구려의 장군 출신으로 당나라에 의해 강제로 끌려와 랴오시 지방의 영주라는 곳에 살고 있었지. 이 지역에는 강제로 끌려온 거란과 말갈 사람들도 많이 모여 살고

발해의 춤(민족기록화) 발해 사람들은 노래와 춤을 잘하는 사람 여러 명을 앞세우고 그 뒤를 남녀가 따르면서 노래 부르며 빙빙 돌고 발을 굴렀어.

있었어.

대조영은 당나라의 지배에서 벗어나기 위해 호시탐탐 기회를 노리고 있었어. 그러던 중 이 지역에 살던 거란인들이 반란을 일으키자, 당의 감시가 소홀한 틈을 타서 그곳을 탈출했어.

"고구려 사람들이 더 이상 원수의 땅에서 노예 취급을 당하며 살 수 없다. 이 기회를 놓쳐서는 안 돼. 고구려의 옛 땅으로 가서 고구려를 다시 일으킬 것이다."

고구려 사람들과 말갈족 일부가 대조영을 따르자 당나라에서 대조영을 없애기 위해 군대를 보냈어. 대조영은 깊은 골짜기에 숨어 있다가 쫓아오는 당나라 군대를 크게 무찔렀지. 698년, 대조영은 멀리 만주의 지린 성 동모산에 이르러 고구려 사람들과 말갈족을 모아 발해를 세웠단다.

> **연호**
> 왕위에 있는 동안 연도 앞에 붙였던 이름이야. 우리나라는 주로 중국 연호를 쓸 때가 많았어. 연호를 따로 만들어 쓴 것은 중국과 대등한 나라임을 나타낸 거야.
>
> **연해주**
> 러시아의 영토 중 시베리아 동남쪽 동해 가까이에 있는 지방을 가리켜.

"나는 예나 지금이나 고구려 사람이다. 이제 고구려의 힘찬 기상을 계승하여 이 땅에 나라를 세우노라!"

중국은 발해를 중국 역사의 일부라고 주장하고 있단다. 현재 중국 영토 안에서 일어났던 일이니 중국 역사라고 우기는 거야. 물론 말이 안 되는 주장이지. 중요한 것은 발해인 스스로가 자신을 어느 나라 사람으로 생각했느냐 하는 점이야. 발해의 왕들은 일본에 보낸 외교 문서에서 스스로를 '고구려 왕'이라고 불렀어. 발해가 고구려를 계승한 나라임을 선포한 것이지. 또 독자적인 연호를 사용하고 왕을 황제라 불러 스스로 자주적인 나라임을 분명히 밝혔어. 발해는 우리 역사의 일부임이 분명해.

발해의 국력은 눈부시게 성장하여 선왕 때에 전성기를 이루었어. 이때 발해는 만주의 대부분과 연해주까지 차지하면서 우리 역사에서 가장 넓은 영토를 갖게 되었어.

발해가 주변 나라들이 넘볼 수 없을 만큼 힘을 갖춘 강대국으로 성장하자, 당나라는 발해를 '해동성국'이라고 불렀어. '바다 동쪽의 번성한 나라'라는 뜻이지. 당시 최강대국이었던 당나라가 해동성국이라 부를 정도였으니, 발해가 얼마나 강한 나라였는지 짐작할 수 있을 거야.

하지만 9세기 후반부터 발해는 국력이 기울어지기 시작했어. 내부 권력 다툼으로 혼란스러워진 가운데 926년에 거란의 침략을 받고 멸망하고 말았단다.

불국사와 석굴암 본존불

찬란하게 꽃핀 신라의 문화

발해가 옛 고구려 땅을 무대로 눈부시게 발전하는 동안, 신라는 찬란한 문화를 꽃피웠어. 이 시대의 신라 문화를 이야기할 때 불교를 빼놓을 수 없어. 전쟁의 상처와 아픔을 딛고 백성들의 마음을 모으는 데 불교의 힘이 컸거든.

통일 후의 신라를 대표하는 문화유산으로 불국사와 석굴암을 꼽을 수 있어. 불국사는 신라 사람들이 꿈꾼 이상적인 부처님 나라를 이 세상에 세우겠다는 뜻으로 지은 절이야. 신라인들의 마음과 정성, 기술과 과학이

17

빚어 낸 우리 민족 문화의 꽃이라고 할 수 있지.

석굴암은 화강암을 인공으로 다듬어 만든 석굴 사원이란다. 본존불의 안정감 있는 자태와 깨달음을 얻은 그윽한 표정은 무척 신비스러워. 신라 사람들의 종교적 열정과 건축 기술이 어우러진 불교 예술 작품이야.

불교의 가르침이 널리 퍼지면서 대량으로 불경을 인쇄하는 목판 인쇄술도 발달했어. 불국사의 석가탑 안에서 발견된 《무구 정광 대다라니경》은 세계에서 가장 오래된 목판 인쇄물이란다.

신라의 금속 공예 기술도 뛰어났어. 대표적인 것으로 성덕대왕 신종을 들 수 있어. 에밀레종이라고도 하는 이 종은 종소리가 고와서 종을 만들 때 어린아이를 쇳물에 집어넣었다는 이야기가 전해지고 있어. 에밀레종은 종을 치면 엄마를 찾는 '에밀레' 소리가 들린다고 해서 붙여진 이름이야. 과학적으로 정교하게 만들어진 이 종의 모양, 종에 새겨진 조각과 아름답고 신비한 종소리는 세계에서 가장 우수한 것으로 인정받고 있어.

신라의 불교에 새 바람을 불어넣은 스님들도 있어. 그중 한 사람이 원효야. 어느 날 원효는 불교를 공부하기 위해 중국으로 가려고 서해안으로 향했어. 그런데 폭풍우가 쏟아지는 가운데 날이 어두워져 어쩔 수 없이 흙구덩이 동굴에서 하룻밤을 지내게 되었지. 목이 말라 잠결에 손끝에 잡힌 바가지의 물을 단숨에 들이켰어.

다음 날 원효는 머리맡에서 해골을 발견하고 깜짝 놀랐어.

"내가 마신 물이 해골바가지 속의 썩은 물이었다니!"

속이 메스꺼워 토악질을 시작했어. 그 순간 원효는 깨달음을 얻었어.

"해골 안의 썩은 물인 줄 몰랐을 때는 꿀물처럼 단 물이었는데! 세상의 모든 것이 결국 마음에서 비롯되는 것임을 내가 몰랐구나. 모든 것이 마음먹기에 달린 것이라면 굳이 중국까지 가서 공부할 필요가 있겠는가!"

원효는 돌아가 백성들 속으로 뛰어들어 불교를 가르치기 시작했어. 당시에 불교는 내용이 어려워서 왕실과 귀족들만 그 뜻을 아는 정도였어. 원효는 불교 내용을 일반 백성들도 쉽게 이해할 수 있게 풀어냈어.

"자, 나를 따라 해 보시오. 나무아미타불! 이것만 따라 부르면 극락세계를 다스리는 아미타 부처님이 구원해 줄 거요. 정말 쉽지 않소?"

"나무아미타불! 나무아미타불!"

"나무아미타불만 외면 어려운 불경을 읽지 않아도 우리 같은 보통 사람도 구원받을 수 있고 부처가 될 수 있다고 하니 얼마나 좋은가!"

원효 덕분에 불교가 백성의 삶 속에 깊이 뿌리내릴 수 있게 되었어.

비단길과 바닷길을 통한 국제 무역

비단길은 중국으로부터 중앙아시아, 서아시아를 거쳐 유럽에 이르는 교역로야. 이 길을 따라 중국 특산물인 비단이 거래되어 비단길 또는 실크로드라고 불리게 되었단다. 비단길을 통해 각국 사신들이 왕래했고, 상인과 승려들도 교류했어. 그러다 보니 불교와 이슬람교, 유럽의 문화가 중국으로 들어왔고, 중국의 비단과 제지술 등이 유럽에 전해졌지. 특히 중국의 비단은 로마에까지 전해져, 원래 가격의 수십 배로 거래될 만큼 인기가 대단했다는구나.

중국은 바닷길을 통해 인도, 페르시아와도 교류했어. 바닷길은 중국에서 동남아시아와 인도양을 거쳐 페르시아까지 이어지는 교역로였어.

이슬람 상인은 이 비단길과 바닷길을 이용해 중국뿐 아니라 신라의 국제 무역항인 울산까지 들어와 무역 활동을 했어. 당시 신라는 황금의 나라로 알려져 있어 머나먼 이슬람 나라들도 신라와 교역을 하고 싶어 했단다.

인물 인터뷰

바다의 왕
장보고를 만나다

장보고는 통일 신라 시대에 해적들을 물리치고 해상 무역을 통해 막대한 부를 모은 인물입니다. 오늘 저는 장보고에 대해 더 자세히 알아보기 위해 청해진으로 건너가서 직접 만나 인터뷰를 했습니다.

기자 어린 시절은 어떻게 보냈나요?

장보고 나는 섬에서 미천한 신분으로 태어났소. 어려서부터 수영을 잘했고, 활을 쏘면 백발백중일 정도로 활 솜씨가 뛰어났지. 하지만 신라에서는 출세할 희망을 찾을 수 없어서 중국 당나

저 근육 좀 봐! 뛰어난 무술 실력으로 중국에서도 고속 승진을 했대!

라로 건너갔소.

기자 중국으로 건너가 갖은 고생 끝에 군대 지휘관으로 성공했다면서요?

장보고 그렇소. 하지만 당나라에서 신라 사람들이 노비로 팔리는 기막힌 모습을 보고 분개했소. 서해안과 남해안에서 활개를 치는 해적들이 신라 사람들을 잡아다가 노비로 팔았던 거요. 그래서 나는 신라로 돌아가 해적을 소탕하고 신라를 해상 제국으로 만드는 데 몸을 바치기로 했소.

기자 그래서 신라로 돌아와서는 어떻게 했나요?

장보고 흥덕왕에게 중국에서 우리나라 사람을 노비로 삼으니, 사람들을 잡아가지 못하도록 청해(지금의 전라남도 완도)에 해군 기지인 진을 설치해 달라고 했소.

기자 흥덕왕이 그 청을 들어주었나요?

장보고 당연하지! 왕은 나를 청해진 대사로 임명하고 군사 1만 명을 내주었소. 나는 청해진을 세운 뒤 활동에 들어갔소. 군인들을 훈련시키고 배도 만

청해진 유적지

들었지. 바다를 누비며 해적들을 모조리 소탕하니 신라 사람들이 노비로 팔려 가는 일이 없어졌소.

기자 청해진을 중심으로 국제 해상 무역을 완전히 장악했다면서요?

장보고 잘 알고 있구려! 청해진은 중국, 신라, 일본을 잇는 동아시아 해상 무역의 거점이 되었소. 내 도움이 없으면 중국과 일본이 서로 무역을 할 수 없을 정도요. 그래서 사람들이 나를 바다의 왕이라 부른다오. 하하!

기자 정말 대단하십니다! 이상으로 바다의 왕, 장보고 청해진 대사와의 인터뷰를 마치겠습니다.

698년
발해가 세워지다

936년
고려가 후삼국을 통일하다

958년
광종, 과거 제도를 실시하다

968년
처음으로 국사와 왕사를 임명하다

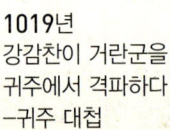

1019년
강감찬이 거란군을
귀주에서 격파하다
-귀주 대첩

1135년
묘청의 서경 천도 운동

1170년
무신들이 권력을 잡다

❷ 고려의 후삼국 통일

삼국을 통일한 지 100년이 지나면서 신라는 서서히 약해졌어.
신라의 혼란스러운 상황을 틈 타 견훤이 세운 후백제와
궁예의 후고구려가 등장하면서 후삼국 시대가 시작되었지.
그런데 후삼국을 통일한 사람은 견훤도 궁예도 아닌, 왕건이었어.
왕건이 어떻게 고려를 세우고 후삼국을 통일했는지 알아보기로 할까?

1232년
고려, 강화도로 천도하다
몽골의 2차 침입

1351년
공민왕이 왕위에 오르다

1364년
문익점, 중국에서
목화씨를 들여오다

기울어 가는 신라, 떠오르는 호족

　통일 후 평화와 번영을 누리던 신라는 8세기 후반에 접어들면서 나라가 아주 어지러워졌어. 귀족끼리 왕위 쟁탈전이 벌어진 거야. 귀족들이 원한 건 오직 하나뿐이었지.

　"나도 왕이 되련다!"

　저마다 왕이 되려고 서로 죽고 죽이는 다툼이 이어졌어. 약 150년 동안 무려 20여 명의 왕이 바뀌었어. 왕의 권위는 바닥으로 떨어지고 정치는 아주 혼란스러울 수밖에 없었단다.

　이런 혼란 속에서도 왕실과 귀족들은 백성들에게 많은 세금을 거둬들여서 사치와 향락을 누렸어. 여기저기서 백성들의 불만이 터져 나왔지.

　"쳇, 서로 왕이 되려고 귀족들끼리 싸워서 나라 꼴이 엉망인데 무슨 얼어 죽을 세금이야?"

　"귀족들에게 세금 바치느라고 등골이 휠 정도야. 세금 때문에 남의 집 노비가 되고 자식까지 파는 사람도 있다더니 남의 일 같지 않아."

견디다 못한 백성들은 도적이 되거나 지방 곳곳에서 봉기를 일으켰어.

"신라가 제발 망하면 좋겠다."

"골품 제도 때문에 귀족들만 떵떵거리며 사는 세상, 한번 바꿔 보자!"

신라 왕실과 귀족들은 권력 다툼을 하느라 백성들의 봉기를 막지 못했어. 이렇게 되자 중앙의 힘이 지방까지 미치지 못하게 되었지. 그 틈을 타

골품 제도
신라의 신분 제도란다. 출신에 따라 '골'과 '두품'으로 나뉘어. 골품에 따라 정치적인 출세나 혼인, 집 크기, 옷 색깔, 마차 장식이 결정됐어.

봉기
많은 사람들이 벌떼처럼 떼지어 세차게 들고일어난다는 뜻으로 백성들이 나라에 거세게 항의하는 것을 말해.

지방 곳곳에서 세력을 키운 실력자들이 나타났어. 이런 지방 세력가들을 호족이라고 해.

호족들은 자기 지역의 백성들에게 세금을 거두었고, 백성들을 끌어모아 독자적인 군대를 만들었어. 그러고는 스스로 성주 또는 장군으로 부르며 위세를 부렸지.

신라 말기는 그야말로 호족들의 세상이었어. 신라는 경주 근처를 다스리며 간신히 나라를 유지하고 있었을 뿐, 나머지 지역은 크고 작은 호족들이 나누어 지배하고 있었거든.

호족들은 세력 다툼을 벌이기도 했고, 세력이 약한 호족은 강한 호족의 부하가 되기도 했어. 호족들이 치열하게 세력 다툼을 벌이며 경쟁하던 가운데 가장 세력이 컸던 두 사람이 있었어. 바로 견훤과 궁예란다.

후삼국 시대의 주역들은 누구?

견훤은 경상도 상주 출신으로 서해안과 남해안 일대를 지키던 신라의 장수였어. 900년, 견훤은 지금의 전라북도 전주인 완산주에서 후백제를 세웠어.

"이제 나, 견훤이 의자왕의 원수를 갚고 백제의 피맺힌 원한을 풀어 줄 것이다."

이듬해, 궁예도 지금의 개성인 송악에서 고구려의 부활을 외치며 후고구려를 세웠어.

"신라는 이제 기운이 다해 머지않아 멸망할 것이다. 신라에게 망한 고구려의 원수를 내 손으로

> **송악**
> 오늘날의 개성을 가리켜. 왕건이 이곳을 수도로 정하면서 개경이 되었어. 그러니까 송악-개경-개성의 순으로 이름이 바뀐 거네.

후삼국의 영토

갚고, 타고난 신분이 아니라 능력 있는 사람이 출세하는 새로운 세상을 만들겠다!"

궁예는 신라 왕족 출신으로 승려가 되었다가 호족이 된 인물이야. 신라의 왕족인데 왜 고구려를 계승하겠다는 거냐고? 왕실의 권력 다툼에 밀려 자신을 버린 신라를 아주 미워했기 때문이지.

이렇게 해서 신라와 후백제, 후고구려의 후삼국 시대가 시작됐어. 신라의 삼국 통일로부터 200여 년이 지난 때였지.

후삼국 중에서도 후백제와 후고구려 사이의 세력 다툼이 특히 치열했어. 신라는 힘이 약해져 이빨 빠진 호랑이나 다름없었거든.

후백제는 오늘날의 전라도와 충청도를 거의 다 차지하고 신라를 위협할 정도로 세력이 커졌단다. 견훤은 신라 장수 출신이어서 군사력이 강했어. 게다가 충청도와 전라도 지역의 평야 지대를 차지한 까닭에 풍부한 경제력이 큰 힘이 되었지.

궁예가 거느리는 군사들도 날이 갈수록 늘어났어. 궁예는 전쟁터에서 병사들과 생사를 함께했고, 빼앗은 물건을 백성들에게 나눠 주었대. 그래서 궁예를 따르는 사람들이 아주 많았다고 해. 이렇게 힘을 키운 궁예는 남으로는 한강 일대, 북으로는 대동강 근처까지 점령하여 후삼국 가운데 가장 넓은 지역을 거느리게 되었어.

그 무렵, 궁예의 신임을 한 몸에 받으면서 후고구려의 제2인자로 떠오른 인물이 있어. 바로 송악 출신의 호족인 왕건이야. 궁예의 밑으로 들어간 왕건은 여러 전쟁터를 돌며 큰 공을 세웠어. 덕분에 후고구려는 후삼국 중에서 가장 크게 세력을 키울 수 있었어.

왕건, 고려를 세우다

궁예는 후고구려가 발전하면서 변하기 시작했어. 스스로 미륵 부처라고 우기고 다른 사람의 마음을 꿰뚫어 볼 수 있다며 백성들을 괴롭히고 죄 없는 사람들을 마구 죽였어. 심지어 왕비와 두 아들까지 죽였다는구나. 민심은 궁예에게서 점점 멀어져 갔어.

갈수록 포악해지는 궁예를 보고 사람들은 말했어.

"미륵 부처라며 사람을 죽이다니, 제정신이야?"

"처자식까지 죽일 정도면 제정신이 아니지. 궁예는 완전히 미쳤어!"

궁예는 호족들을 누르고 왕의 힘을 강하게 만드는 데 걸림돌이 되는 반대 세력을 무자비하게 죽였어. 왕의 힘이 강해지면 호족들의 힘이 약해지니까 호족들은 당연히 반발할 수밖에 없었지.

"왕의 힘을 강화하기 위해 반대 세력을 모두 죽이고 있으니, 궁예를 이대로 두면 우리도 언제 목이 달아날지 모르겠소."

"궁예를 내쫓고 왕건을 왕으로 세웁시다."

918년, 마침내 후고구려 호족들이 반란을 일으켜 궁예를 몰아내고 왕건을 새로운 왕으로 삼았

어. 왕위에 오른 왕건은 고구려를 잇는다는 뜻에서 나라 이름을 고려로 정했어.

궁예와는 달리 왕건은 호족들을 끌어안기 위해 공을 많이 들였어. 호족들이 누구를 지지하느냐에 따라 후삼국의 운명이 결정된다고 보았기 때문이야.

왕건은 힘 있는 여러 호족의 딸을 부인으로 맞았어.

"호족을 내 편으로 만드는 데 그 딸과 결혼하는 것보다 더 좋은 방법은 없지."

왕건은 거듭되는 전쟁으로 어려움을 겪던 백성들에게는 세금을 줄여 주어 민심도 얻었어.

호족을 효과적으로 끌어안고

백성들의 삶을 보살필 줄 알았던 왕건이 새로운 시대를 만들어 갈 주인공으로 떠오르고 있었어.

다시 하나 된 겨레

왕건이 상대해야 할 최대의 적은 견훤의 후백제였어. 신라는 이미 힘이 많이 약해져 경쟁이 되지 않았거든.

> **경순왕**
> 신라의 마지막 왕이야. 이름은 김부.

처음에는 견훤이 왕건보다 세력이 강했어. 927년 견훤은 신라를 압박하기 위해 신라로 쳐들어가서 닥치는 대로 약탈하고 사람을 죽였어. 이윽고 경애왕을 스스로 목숨을 끊게 하고 그 자리에 경순왕을 앉혔지. 뒤늦게 왕건이 신라를 돕기 위해 군대를 이끌고 달려갔지만, 후백제군에 패하여 간신히 목숨을 건질 수 있었어. 후삼국의 주도권이 후백제에게로 넘어가는 듯했어.

하지만 고려의 반격도 만만치 않았지. 930년, 왕건은 군대를 착실하게 준비해 지금의 경상북도 안동인 고창에서 후백제군을 상대로 대승을 거두었어. 이번에는 견훤이 가까스로 목숨을 건지고 돌아갔지. 후삼국 대결의 주도권이 고려로 넘어오고 있었어. 많은 호족들도 고려 편으로 돌아섰단다.

왕건에게 행운도 따라 주었어. 935년, 견훤이 왕건한테 백기를 들고 항복한 거야! 넷째 아들에게 왕위를 물려주려 한 견훤은 이에 분노한 맏아들 신검에게 왕의 자리를 빼앗기고 갇혔다가 겨우 탈출해서 왕건에게 온 거였어.

경기도 연천에 있는 경순왕릉이야. 신라의 왕릉 가운데 유일하게 경주 지역이 아닌 곳에 있는 왕릉이란다.

"지난날의 원한은 모두 잊고 나를 받아 주시오."
"얼마나 상심이 크시겠습니까? 고려에서 극진히 모시겠습니다."
왕건은 견훤을 후하게 대접했어.
이즈음, 신라의 경순왕도 더 이상 버티지 못하고 왕건에게 항복했어.
"경주를 제외한 경상도의 거의 전 지역이 이미 왕건의 수중에 들어간 상태에서 더 이상 나라를 유지하기 힘들다. 후백제에게 정복당하느니 차라리 인품 좋은 왕건에게 항복하는 편이 낫다."
견훤에 이어 신라까지 항복해 오니 왕건에게는 호박이 덩굴째 굴러온 셈이지. 후삼국 통일이 한 걸음 더 다가오는 순간이었어.

이제 왕건에게 남은 적은 신검의 후백제뿐이었어. 이듬해 왕건은 10만 대군을 이끌고 후백제를 상대로 총공격에 나섰단다. 견훤이 맨 앞에서 고려군을 지휘했지.

"아비도 몰라보는 아들놈을 내 손으로 처단하겠다."

지금의 경상북도 선산인 일리천에서 맞붙은 고려와 후백제의 전투는 오래 이어지지 않았어. 후백제의 장수들이 대세가 기울어진 것을 알고 항복해 왔거든. 결국 참패를 당한 신검이 항복하면서 후백제는 무너졌지.

약 40년 동안 치열하게 다투었던 후삼국 시대가 끝나고, 고려가 새로운 통일 국가로 거듭나는 순간이었어. 후삼국을 통일한 왕건이 외쳤어.

"삼한이 다시 하나로 합쳐졌고, 흩어진 겨레는 이제 고려 안에서 모두

충청남도 논산에 있는 개태사는 936년 태조가 후백제를 정벌한 기념으로 세운 절이야.

하나가 되었다!"

왕건은 발해가 멸망한 뒤 고려로 온 발해 왕자와 발해 사람들도 따뜻하게 받아들였어. 이리하여 고려는 고구려, 백제, 신라까지 진정으로 끌어안은 민족 통일을 이루어 냈단다. 신라의 삼국 통일 때와는 달리, 다른 나라의 도움 없이 다시 민족을 하나로 통일하게 되면서 우리 민족은 하나라는 의식이 강해졌어. 이러한 민족의식은 위기 때마다 고려를 지키는 굳건한 힘이 되었어.

개성 송악산 아래에 있는 고려 궁궐 만월대의 지금 모습. 빈터만 남아 있어.

신라의 골품 제도와 인도의 카스트 제도

신라의 골품 제도처럼 인도에는 카스트 제도라는 신분 제도가 있어.

카스트 제도는 크게 브라만, 크샤트리아, 바이샤, 수드라의 4개 신분으로 나누어져. 브라만은 최고의 지위로 제사를 담당하는 승려 계급이고, 크샤트리아는 정치와 군사를 담당하는 왕족이나 귀족 계급, 바이샤는 농업과 상공업에 종사하는 평민 계급, 수드라는 힘들고 천한 일을 도맡아 하는 노예 계급이야. 각 신분에 따라 직업이 정해져 있고 결혼도 같은 신분끼리 해야 하는 엄격한 신분 제도였단다.

수천 년 동안 인도인의 삶을 지배해 온 카스트 제도는 1947년에 법적으로 금지되었어. 하지만 인도 사회에서는 여전히 카스트에 따른 차별이 남아 있어 아직도 일상생활에 큰 영향을 미치고 있단다.

698년
발해가 세워지다

936년
고려가 후삼국을 통일하다

**958년
광종, 과거 제도를
실시하다**

968년
처음으로 국사와 왕사를 임명하다

1019년
강감찬이 거란군을
귀주에서 격파하다
-귀주 대첩

1135년
묘청의 서경 천도 운동

1170년
무신들이 권력을 잡다

③ 나라의 기틀을 다지다

새로운 통일 국가 고려는 나라를 안정시키고 새로운 제도를 마련해야 했어.
태조 왕건은 호족 세력을 잘 다스려 왕권을 단단히 굳혀 나갔고,
그 뒤를 이은 광종과 성종 때 나라의 제도가 모습을 갖추어 갔어.
고려가 어떻게 나라의 기틀을 다져 갔는지 자세히 알아보자꾸나.

1232년
고려, 강화도로 천도하다
몽골의 2차 침입

1351년
공민왕이 왕위에 오르다

1364년
문익점, 중국에서
목화씨를 들여오다

고려 태조, 민심을 수습하고 호족 세력을 통합하다

　고려 태조 왕건은 후삼국 통일의 주인공이 되었어. 하지만 태조에게는 나라의 기반을 새롭게 다져 가기 위해 해결해야 할 숙제가 많았어.

　우선 오랜 전쟁으로 지치고 힘들게 살아온 백성들의 마음을 잘 보살펴야 했어. 그래서 백성들의 어려운 처지를 헤아려 세금을 크게 줄여 주었단다.

　"백성들의 원성은 어느 때나 나라에서 거두는 무거운 세금에서 나오는 것이니, 백성에게 세금을 거두되 알맞게 거두도록 하라!"

　많은 세금으로 허덕이던 백성들은 아주 기뻐했어.

　"신라 때보다 세금이 줄어드니 이제 살 만하네."

　태조는 고구려의 옛 땅을 되찾는 데에도 힘을 기울였어.

　"고려는 고구려를 이은 나라다. 삼한의 통일은 이루었으니, 이제는 고구려의 옛 땅을 되찾으러 북쪽으로 나아가야 한다."

　태조는 고구려를 계승하겠다는 의지가 아주 강했지. 발해가 멸망한 뒤,

고려로 온 발해 사람들을 받아들인 것도 이 때문이었어.

> **서경**
> 오늘날의 평양. 태조는 서경에 성을 쌓고 백성들을 이주시켜 개경에 버금가는 도시로 정비했어.

그뿐만 아니라 발해를 멸망시킨 거란과는 사이 좋게 지내기를 끝까지 거부했어. 거란이 고려와 친해지려고 50마리의 낙타와 함께 사신들을 보냈지만, 태조는 받아 주지 않았어.

"거란은 발해를 멸망시킨 원수의 나라이니 결코 좋게 봐 줄 수 없다. 사신들은 모두 귀양을 보내고 낙타는 다리 밑에 묶어 굶겨 죽여라!"

또 태조는 고구려의 수도였던 평양을 서경으로 이름을 바꾸고 북쪽으로 영토를 넓히는 중요한 발판으로 삼았어. 이런 노력이 빛을 보아 태조 때

개성에 있는 남대문

조선 후기 화가 강세황이 개경(송도)을 여행하고 그린 〈송도전경〉이야.
앞에 보이는 문이 개경 남대문이야.

고려의 영토가 청천강에서 영흥만까지 넓어졌단다.

하지만 태조의 가장 큰 숙제는 지방의 힘센 호족들이 고려 왕조를 위협하지 못하게 잘 다스려 통합을 이루는 일이었어. 태조는 호족들의 도움 없이는 왕이 될 수도, 후삼국 통일을 이룰 수도 없었음을 잘 알고 있었지. 태조는 깊은 고민에 빠졌어.

"지방은 여전히 호족들이 다스리고 있고, 그 세력이 아주 강해. 호족들이 배신하겠다고 마음만 먹으면 언제든지 고려는 위기에 처할 수도 있어. 아직 내가 나라 전체를 다스릴 힘이 없으니, 고려 왕조를 안정시키려면 어떻게든 호족들을 내 편

태조가 공들인 만큼 왕권이 안정되었네요.

으로 끌어안는 수밖에 없어."

 그래서 호족의 딸과 혼인하는 결혼 정책을 계속 이어 갔어. 그 결과 태조는 29명의 부인을 두었고, 여기에서 태어난 아들이 25명, 딸이 9명이나 되었지.

 혼인할 딸이 없는 호족에게는 어떻게 했냐고? 임금의 성인 왕씨 성을 내려 주거나, 벼슬과 땅을 주었지. 호족들은 아주 반겼어.

 "임금의 성을 받았으니, 이제 왕과 한 집안이 되었네. 땅과 벼슬까지 얻었으니 어디서든 큰소리 칠 수 있겠군!"

 호족 통합을 위해 공을 들인 덕분에 태조는 어느 정도 왕권을 안정시킬 수 있었어. 하지만 호족들의 힘은 여전히 막강해서 언제든지 왕권을 위협할 수 있었어. 태조가 죽자마자 바로 그런 상황이 벌어졌지.

불안한 왕권

 태조가 죽은 뒤 태조의 맏아들인 혜종이 왕위에 올랐어. 하지만 혜종은 왕으로서 제대로 힘을 발휘하지 못했어. 혜종을 제외한 나머지 왕자들의 외할아버지인 호족들이 서로 자기 외손자를 왕위에 앉히려고 치열한 싸움을 벌였거든. 심지어 혜종의 침실에 자객을 보내 혜종을 죽이려고 한 적도 있었지. 혜종은 여러 번의 암살 위협에 시달리다가 왕위에 오른 지 2년 만에 결국 병으로 세상을 떠났어.

 그 뒤를 이은 정종도 호족을 휘어잡지 못했어. 정종은 왕위에 오르자마자 고구려의 옛 땅을 회복하고 호족 세력을

태조 이후에는 왕자들이 너무 많아 영 불안한데……

견제하기 위해 서경으로 도읍을 옮기려 했으나 호족들의 반대로 뜻을 이루지 못했지. 결국 정종도 호족들의 위세에 눌려 제대로 된 정치를 펼쳐보지 못한 채 4년 만에 병으로 죽고 말았어.

호족 세력은 후삼국 통일 과정에서는 도움이 되었지만, 통일 이후에는 고려의 발전에 오히려 장애가 되었어. 호족을 어떻게 할 것인가? 뒤를 이은 왕들은 이 문제를 해결해야만 했어.

광종, 개혁의 칼을 뽑아들다

정종이 죽은 뒤 왕위에 오른 광종은 달랐어. 정종의 동생으로 왕이 된 광종은 호족들이 왕권을 위협하는 혼란스러운 상황을 지켜보면서 호족을 억누르고 왕의 힘을 키우겠다고 다짐했어.

"호족 때문에 왕이 제대로 정치를 펼 수 없다. 호족들이 다시는 고려 왕조를 위협하는 일이 없도록 만들 테다."

956년, 광종은 드디어 호족을 겨냥해 개혁의 칼날을 뽑았어.

"호족들이 거느리고 있는 노비들을 조사해서 본래 평민이었던 사람들은 모두 노비 신분에서 해방시켜 주도록 하라!"

이 법을 노비안검법이라고 해. 억울하게 호족의 노비가 된 자들을 모두 풀어 주라는 내용이었지. 호족들은 엄청난 타격을 입었어. 호족들에게 노비는 중요한 재산이자 군사였기 때문이지.

호족들에게서 불만이 터져 나왔어.

"노비들을 풀어 주면 집안일과 저 넓은 땅을 누가 돌보지? 내 개인 병사들도 하나도 안 남을 텐데 어떻게 하지?"

하지만 광종의 뜻을 꺾을 수 없었어. 호족들의 노비를 풀어 주니 호족의 힘은 약해지고, 세금을 내는 평민이 늘어나니 나라의 힘은 강해졌지.

2년 후, 광종은 호족의 힘을 줄이기 위한 또 하나의 개혁을 선포했어. 바로 과거 제도야. 과거 제도는 시험을 봐서 능력 있는 자를 관리로 뽑는 제도야. 당시까지 고려의 관리 자리는 고려를 세우는 데 공이 있는 호족들과 그 아들들이 차지했어. 광종은 과거 제도를 통해 이러한 상황을 뜯어 고치려고 했어.

함경도 지방의 과거 시험 장면을 그린 조선 시대 그림

"지금까지 힘센 호족들이 관직을 독차지하고 있어 왕이 정치를 하려 해도 뜻을 이루기 어려웠고, 뛰어난 인재가 있어도 원하는 대로 쓸 수 없었다. 이제부터 과거 제도를 실시해 출신이나 집안에 관계없이 능력 있는 자를 관리로 뽑겠다."

과거 제도를 실시하자 큰 변화가 일어났어. 왕은 자신에게 충성하고 실력을 갖춘 새로운 인재를 관리로 뽑을 수 있게 됐고, 열심히 공부해서 실력을 키운 사람은 관리가 될 수 있는 기회를 갖게 된 거야.

무엇보다 과거 제도는 호족 세력을 누르는 데 효과적이었어. 호족의 자식도 열심히 공부해서 실력을 갖추지 않으면 과거 시험에 합격해 관리가 될 수 없게 됐지.

호족들은 광종에게 강하게 반발했어.

"저번에는 노비안검법으로 노비를 빼앗아 가더니, 이번에는 과거 제도로 우리 호족들이 관리가 되는 길을 막고, 신분도 출신 집안도 알 수 없는 자들을 관리로 뽑겠다고?"

"고려 왕조가 여기까지 온 게 다 누구 덕인데 이럴 수 있는 거야?"

그래도 광종은 눈 하나 깜짝하지 않았어.

"이제 호족들의 세상은 끝났다. 고려 왕조를 위협하는 어떤 세력도 살아남지 못할 것이다."

광종은 반발하는 호족들을 모두 제거해 버렸어. 이때 높은 관리들 가운데 절반이 처형당해 살아남은 자가 겨우 40여 명뿐이었다고 하니, 광종이 얼마나 호족을 강하게 밀어붙였는지 알 수 있겠지?

호족 세력은 잇따른 광종의 개혁으로 크게 힘을 잃었어. 광종이 강력한 왕권을 다져 놓자 성종은 여러 제도를 성공적으로 정비할 수 있었어.

성종, 고려의 제도를 정비하다

성종은 왕위에 오르자 신하들에게 나라를 이끌 훌륭한 대책을 올리라는 명령을 내렸어.

"내가 혹시 잘못된 정치를 할까 걱정되니, 각자 지금까지 고려 정치의 잘잘못을 살피고 고려에 필요한 개혁을 글로 적어 올리시오."

성종의 명령에 따라 여러 신하들이 글을 올렸는데, 최승로가 올린 '시무 28조'가 가장 성종의 마음에 들었어. '시무 28조'란 '나라에서 지금 힘써야 할 28가지 일'이라는 뜻이야. '시무 28조'에서 가장 중요한 내용은 '나라의 정치는 유교에 바탕을 두어야 한다'는 것이었어.

"유교는 나라를 다스리는 근본입니다. 유교를 근본으로 삼아 임금이 신하와 함께 나라를 다스리도록 해야 합니다."

성종은 최승로의 건의를 받아들여 유교를 정치의 근본으로 삼아 고려의 여러 제도를 새로 만들었어. 성종은 유교에 바탕을 둔 정치를 하려면 유교를 공부한 관리들을 많이 길러 내야 한다고 생각했어. 그래서 유학을 가르치는 학교를 세우게 했단다.

"개경에 국자감을 두어 나라의 뛰어난 인재를 키우고, 지방의 주요 도시에는 유학을 가르치는 학자를 파견하여 지방의 인재를 많이 기르도록 하라."

국자감
성종 11년에 세운 국립 교육 기관으로 오늘날 국립 대학교에 해당해. 나중에 국학, 성균감, 성균관 등으로 이름이 바뀌었어.

또 성종은 나라의 중요한 정책을 세우고 실제로 행하는 중앙 행정 제도도 마련했어. 그뿐만 아니라 지방 행정도 새로 다듬었지.

"전국의 주요 도시 열두 곳에 관리를 내려 보내 백성들을 잘 다스리도록 하라."

그전까지는 호족들이 각 지방에서 백성들을 다스렸는데, 이제는 왕이 임명한 관리가 왕의 명령에 따라 지방을 다스리게 된 거야. 왕의 권한이 지방까지 미치게 되었으니, 당연히 호족들의 힘은 약해지고 왕의 힘은 더 강해졌어.

고려의 제도가 모습을 갖춰 가면서 고려 초기에 혼란스러웠던 정치도 안정되어 갔지. 성종 때 만들어진 여러 정치 제도는 고려 시대 정치 제도의 기본 틀이 되었어.

중국 송나라의 과거 시험

과거 제도는 중국 수나라 때 시작되었어. 송나라 때에는 대부분의 관직이 거의 과거 시험에 합격한 사람들로 채워질 정도로 자리 잡게 되었어. 이제 관직에 오르려는 사람들에게 과거 합격은 인생의 최대 목표가 되었지.

남자아이는 5~8세가 되면 과거 공부를 시작했어. 열심히 공부해도 과거에 합격하기란 하늘의 별 따기였어. 계속 합격하지 못해 과거 시험을 보는 데만 10년, 20년 세월을 보내는 사람들도 많았단다. 무려 75세에 합격한 사람도 있었어. 평생 과거 공부를 하느라 결혼도 못 했는데, 황제가 가엾이 여겨 결혼 상대를 정해 주었대.

과거에 합격하기가 어려우니 갖가지 부정행위도 벌어졌어. 유교 경전의 문장을 속옷에 깨알같이 쓰거나 점심에 먹을 만두 속에 넣어 시험장에 들고 가는 일까지 있었대. 송나라 사람들에게 과거 시험이 얼마나 중요한 일이었는지 짐작할 수 있겠지?

왕실 출입 기자 리포트

훈요 10조에 담긴 내용

여기는 고려 왕궁 만월대입니다. 고려 태조 왕건은 자신의 정책을 후대 왕들이 이어 가기를 바라는 뜻에서 훈요 10조를 유언으로 남겼습니다. 태조가 남긴 열 가지 가르침인 훈요 10조의 내용을 취재해서 자세히 알려 드리겠습니다.

태조는 불교를 아주 중요하게 여겼습니다. 불교가 민심을 수습하고 고려 왕조를 안정시키는 데 중요하다고 여겼기 때문입니다. 그래서 훈요 10조의 1조부터 불교에 대한 가르침을 이렇게 밝혔지요.
"나라의 큰일은 부처님이 곁에서 보호하고 지킨 덕이니 불교를 숭상하라."
그리고 6조에서는 '연등회는 부처를 모시는 것이고 팔관회는 하늘과 산과 강을 섬기는 것이니 성대하게 열라.'고 했습니다.
하지만 2조에서 '승려인 도선의 풍수 사상에 따라 땅을 골라 절을 세워라. 신라 말에 절을 함부로 세워 나라가 망했으니 경계하라.'고 당부했지요.
훈요 10조에는 대외 정책에 대한 당부도 담겨 있습니다.
"중국의 문물을 받아들이되 반드시 따를 필요는 없다. 거란은 짐승 같은 나라이므로 본받지 마라.(4조)"
5조에서는 이렇게 당부했습니다.
"서경을 중요한 곳으로 여기고 1년에 100일이 넘도록 머물도록 하라."
이것은 고려가 고구려를 계승한 나라이니 고구려의 옛 도읍인 서경을 고려의 수도인 개경 못지않게 중요하게 여기라는 뜻과 함께 북진 정책을 잘 추진하라는 당부이기도 합니다.
태조는 왕이 지켜야 할 도리와 본분에 대한 가르침도 잊지 않았습니다.
"임금이 백성의 신뢰를 얻는 것은 가장 어려운 일이다. 임금은 나랏일을 공평하게 처리하여 민심을 얻으라. 신하의 의견을 존중하고, 백성들의 세금을 줄여 주어 그들의 어려움을 보살피면, 저절로 민심을 얻어 나라가 부유하고 백성이 편안해질 것이다.(7조)"

"임금으로서 몸가짐을 바르게 하고, 경전과 역사를 널리 읽어 옛일을 거울삼아 오늘을 경계하라.(10조)"

태조는 늘 민심의 흐름에 관심을 기울이고 이를 얻기 위해 노력한 임금이었습니다. 후대 왕들도 백성들의 삶을 보살피고 나랏일을 공평하게 처리해 훌륭한 임금이 되어 주기를 바랐지요. 훈요 10조가 태조의 유언인 만큼, 후대 왕들도 태조의 가르침을 마음속에 새겨 잘 따르고 지켜야 하겠습니다. 훈요 10조가 고려 후대 왕들에게 고려를 다스리는 중요한 지침이 되기를 바라며 이상 리포트를 마치겠습니다.

개성에 있는 왕건의 초상화

698년
발해가 세워지다

936년
고려가 후삼국을 통일하다

958년
광종, 과거 제도를 실시하다

968년
처음으로 국사와 왕사를 임명하다

1019년
강감찬이 거란군을
귀주에서 격파하다
-귀주 대첩

1135년
묘청의 서경 천도 운동

1170년
무신들이 권력을 잡다

④ 고려 시대 사람들은 어떻게 살았을까?

고려 시대 사람들의 모습을 보면 우리와 다른 흥미로운 점들이 많아.
고려 여성들의 모습에서는 우리가 예상하는 것과는 다른 모습을 볼 수 있단다.
어쩌면 오늘날 여성들의 모습과 비슷해서 깜짝 놀랄지도 몰라.
그럼 고려 시대 사람들이 어떻게 살았는지 자세히 알아볼까?

1232년
고려, 강화도로 천도하다
몽골의 2차 침입

1351년
공민왕이 왕위에 오르다

1364년
문익점, 중국에서
목화씨를 들여오다

고려의 신분 제도

고려는 오늘날처럼 모든 사람이 나면서부터 평등하다고 생각하는 사회가 아니었단다. 삼국 시대와 마찬가지로 신분 사회였지. 고려 사람들은 태어나면서부터 귀족과 중류층, 양인, 천민 가운데 하나의 신분으로 결정되었어.

고려의 지배층인 귀족은 왕족이나 높은 관직을 차지한 사람들이란다. 으리으리한 기와집에 살며 화려한 비단옷을 입고 중국에서 들여온 사치품으로 호화로운 생활을 했어. 농사를 짓거나 장사를 하는 등의 생산 활동은 전혀 하지 않았고, 집안일도 노비들이 다 해 주었어. 자손에게 물려줄 토지도 나라에서 받았고, 높은 귀족의 자손은 과거 시험을 보지 않고도 관리가 될 수 있었지.

귀족 다음으로 높은 신분인 중류층에는 궁궐이나 관청의 낮은 관직에서 일하는 관리나 군인 등이 속해 있었어.

중류층 밑에는 양인이 있었어. 양인 중에는 농민이 가장 많았고, 상인

〈아집도〉라는 그림으로 가까운 벗들과 시를 짓고 그림을 감상하며 여가를 보내는 고려 귀족들의 모습을 그린 거야. 당시 귀족들의 생활 모습과 함께 옷과 그릇, 책장 등의 가구의 생김새도 볼 수 있어.

〈미륵하생경 변상도〉라는 고려 시대 그림의 아랫부분에는 농민들이 일하는 모습이 그려져 있어.

귀족들은 한가하게 지내지만 생산 활동을 하는 농민들은 부지런히 일하고 있어.

과 수공업자도 있었어. 고려 시대에는 농민을 백정이라고 불렀어. 백정이라는 말이 소, 돼지를 잡고 고기를 파는 천민을 가리키게 된 것은 조선 시대니까 헷갈리지 마. 농민은 농사를 지어 얻은 곡식과 특산물을 세금으로 냈고 나라에서 시키는 일도 의무적으로 해야 했어. 나랏일을 해도 임금을 받지 않았고, 필요한 여비나 밥값도 스스로 해결해야 했어.

고려 사회에서 가장 낮은 신분은 천민이었어. 천민 중에는 광대나 뱃사공도 포함되지만, 노비가 가장 많았단다. 노비는 주인 마음대로 사고팔 수도 있고, 주인이 죽으면 그 자손에게 물려줄 수 있는 주인의 재산이었어. 부모 중 한 사람이라도 노비이면 그 자식도 저절로 노비가 되었고,

노비를 부모로 둔 자식은 어머니 쪽 주인의 재산이 되었어. 노비는 사람으로 대우받지 못하고 죽을 때까지 주인이 시키는 일을 해야 하는 비참한 생활을 해야 했지.

고려가 신분 사회였다고는 하지만, 좀 더 높은 신분으로 올라갈 수 있는 기회가 아주 없었던 것은 아니야. 주인집에서 따로 나와 사는 노비의 경우 재산을 모아 양인이 된 사람도 있었고, 중류층에 속한 사람들 가운데 과거를 통해 귀족이 된 사람들도 더러 있었단다. 천민 출신인데 무신으로 출세하거나, 아주 드문 일이기는 하지만 재상에 오른 사람도 있었다고 해. 그래서 고려는 삼국 시대나 남북국 시대보다 개방적인 사회였다고 할 수 있지.

남성 부럽지 않은 고려 여성들

고려 시대에는 여성의 지위가 상당히 높았단다. 아들과 딸을 태어난 순서에 따라 차례대로 호적에 올렸고, 심지어 사위와 외손자, 외손녀까지 기록했어.

재산을 물려줄 때도 부모의 유언이 없는 한 아들딸 구별하지 않고 고르게 나누어 주었어. 부모가 죽은 후 형제자매가 공평하게 재산을 나누는 것이 당연한 것이어서 이렇게 하지 않으면 다른 사람들에게서 비난을 살 정도였대. 아들과 딸이 똑같이 재산을 물려받을 권리가 있었기 때문에 늙은 부모를 모시는 일이나 부모가 죽은 뒤에 지내는 제사 또한 아들딸이 돌아가며 맡았단다.

결혼에서도 여성의 지위는 대단했어. 남자가 여자 집에서 얹혀사는 처가살이도 많았단다. '처가와 화장실은 멀수록 좋다'라든가 '겉보리 서 말만 있으면 처가살이 하랴'라는 속담이 고려에서는 통하지 않았지. 결혼한 여성이 시집살이를 하다가도 남편이 죽으면 친정으로 되돌아가는 경우도 많았어. 남편이 죽으면 재혼하는 것은 물론이고 이혼한 여자들도 새 가정을 꾸릴 수 있었다고 해. 여성이 물려받은 재산은 결혼을 해도 여성의 소유여서 남편 재산과 따로 관리했고, 홀로 되거나 죽더라도 시집의 소유가 되는 것이 아니라 친정집으로 되돌려 보내졌어.

고려 말에 있었던 일이야. 높은 관직에 오른 박유가 왕과 신하들에게 다음과 같은 건의를 올렸단다.

"우리나라는 본디 남자가 적고 여자가 많은데도 모두 처를 하나만 두고 있으며 자식이 없는 사람들도 감히 첩을 두지 못합니다. 바라옵건대, 신

고려 시대 문신인 조반 부부의 초상화. 남편과 나란히 초상화를 그릴 정도이니 여성이 대우받고 있음을 알 수 있지.

> 조선 시대보다 오히려 고려 시대에 여성들이 평등한 삶을 누렸어.

고려 시대의 금동과 옥으로 만들어진 여성 장신구들이야.

하늘에게 처를 여럿 둘 수 있게 허락해 주십시오. 이와 같이 하면 홀어미와 홀아비가 줄어들고 따라서 인구가 늘 것입니다."

박유의 말을 전해 들은 고려의 부녀자들 가운데 박유를 비난하지 않은 사람이 없었어. 얼마 후, 연등회가 열린 날에 박유가 왕의 행차를 뒤따르는데 한 노파가 그를 손가락질하며 쏘아붙였어.

"아내를 여럿 두자고 청한 놈이 바로 저 늙은이다!"

수많은 부녀자들도 박유를 향해 비난을 퍼부었어. 아내를 무서워하는 재상도 있어 결국 박유의 주장은 시행되지 못했지.

한 나라 권력의 중심에 있던 재상마저도 부인 눈치를 볼 정도로 고려 여성들의 지위는 대단했단다. 어때! 고려 여성들은 남자 못지않은 지위를 누렸지?

불교의 나라, 고려

고려는 다양한 종교와 사상이 어우러진 사회였어. 불교는 개인의 종교와 국가의 복을 빌어 주는 역할로 존중했으며, 유교는 나라를 다스리는 중요한 역할 때문에 중요하게 생각했지. 민간 신앙과 풍수지리설 등도 더불어 발전하며 고려 사회를 풍부하게 만들었어.

> **풍수지리설**
> 산과 물의 형세를 살펴 도읍지, 집터, 묘지 등이 들어설 자리를 정하는 지리학이야. 고려 사람들은 좋은 기운이 나오는 곳이어야 조상이 평안하고, 그 자손들도 번성한다고 생각했단다.

사실 고려 시대는 우리 역사에서 불교가 가장 융성한 시기였어. 고려는 불교를 적극 권장하며 나라의 종교로 삼았거든. 불교의 역할이 커지면서 승려들은 존경을 받았고 사회적으로 높은 지위를 인정받았어. 그래서 승려가 되려는 사람이 많았지만 아무나 될 수는 없었어. 승려가 되려면 나라의 허락을 받아야 했거든. 승려가 되는 것은 출세할 수 있는 또 하나의 길이었기 때문에 왕과 귀족의 아들 가운데서 승려가 된 자들이 많았어.

고려에서는 승려들을 선발하는 승과 제도가 있었어. 합격한 사람에게는 법계라는 승려의 계급을 주어 점점 높은 지위로 올라갈 수 있게 했지. 승려 중 가장 뛰어난 사람을 나라의 스승인 국사, 왕의 스승인 왕사로 모시기도 했어.

고려는 전국 곳곳에 많은 절을 세웠어. 수도 개경에는 백성들이 사는 집보다 절이 더 많다고 할 정도였어. 불교는 일상생활에도 많은 영향을 주었어. 생명을 죽이지 말라는 불교의 가르침 때문에 고기 대신 채소를 먹거나 차를 즐겨 마셨고, 사람이 죽으면 화장하는 경우가 많았어.

고려 시대의 절은 재산이 상당히 많았단다. 왕과 귀족들이 엄청난 재산을 기부했고, 나라에서 세금을 면제해 주는 혜택을 주었거든. 또, 숙박 시

설을 운영하거나 기와나 종이 등을 만들어 팔아 재산을 모으기도 했지. 심지어 술을 만들어 팔거나 백성에게 곡식을 빌려 주고 비싼 이자를 받는 옳지 않은 일을 벌이기도 했어. 재산이 불어나면서 절이 차지한 노비와 땅도 늘어났지. 규모가 큰 절은 많은 땅을 가져 산과 산의 경계를 넘을 지경이었어. 이렇게 불교가 재물만 바라는 타락한 모습을 보이자 승려가 본래 해야 하는 수행에 힘쓰자는 개혁 운동이 펼쳐지기도 했단다.

고려는 불교 나라답게 불교 행사도 국가 축제로 매우 성대하게 열었어. 대표적인 행사가 팔관회와 연등회야. 팔관회와 연등회는 고려 사람들이 하나가 되어 즐기는 고려의 가장 큰 행사이자 축제였어.

팔관회는 불교 의식을 중심으로 백성이 믿던 신령들에게 제사를 올리고 나라의 평안을 비는 고려 최대의 잔칫날이었어. 음력 11월 15일, 왕과 귀족을 비롯한 고려의 온 백성들이 세상이 태평하기를 바라는 마음으로 모두 하나가 되어 춤과 놀이를 즐겼단다. 팔관회가 열릴 때는 송나라, 일본, 여진의 사신들도 찾아와 선물을 바쳤어.

연등회는 정월 대보름에 열렸어. 나라의 발전과 개인의 행복을 위해 부처 앞에 색색의 등불을 밝히며 제사를 지내는 날이었지. 이날만큼은 왕과 귀족들은 물론 신분의 높낮이에 관계없이 모든 사람이 마음껏 즐겼어.

"불을 밝힌 화려한 연등 사이로 탑돌이를 해야겠다."

"광대놀이도 재미있을 거야. 구경하러 가자."

사람들은 축제를 즐기며 밤을 지새우기도 했지. 이처럼 불교는 고려 사람들의 마음을 달래고 하나로 모으는 데 큰 구실을 했어.

고려의 무역 활동

고려는 외국과 문물을 교류하는 데 적극적인 나라였어. 그 사실을 가장 잘 보여 주는 곳이 예성강 하구에 있던 벽란도야. 벽란도는 고려 최대의 국제 무역항으로 고려를 찾아오는 사신들이나 외국 상인들이 반드시 찾는 곳이었어. 당시 벽란도에는 쉴 새 없이 큰 배가 드나들었고, 중국뿐 아니라 세계 여러 나라의 상인들로 늘 북적거렸어. 외국 상인들이 가져온 신기한 물건을 마음껏 구경하고 살 수 있었지. 개경이 가까우니 사신들도 이곳을 통해 고려로 들어왔어.

고려는 중국의 송나라와 가장 활발하게 무역 활동을 펼쳤어. 고려는 송나라로부터 주로 비단과 약재, 책, 중국차 등 왕실과 귀족의 생활과 학문에 도움이 되는 물품을 많이 수입했어.

고려에서 가장 많이 수출한 물품은 인삼이었어. 고려 인삼은 약효가 뛰어나서 송나라에서 아주 귀하게 여겼기 때문에 비싼 값을 주고도 구하기 어려울 정도로 인기 많은 상품이었단다.

종이와 먹도 주요 수출품이었어. 중국 사람들은 고려 종이를 세계 최고로 손꼽았어.

"고려 종이는 매우 질긴 데다가 색이 희고 매끄러워 천하제일이야. 중국에는 이런 종이가 없어."

종이를 최초로 발명한 중국에서 고려 종이를 최고 명품으로

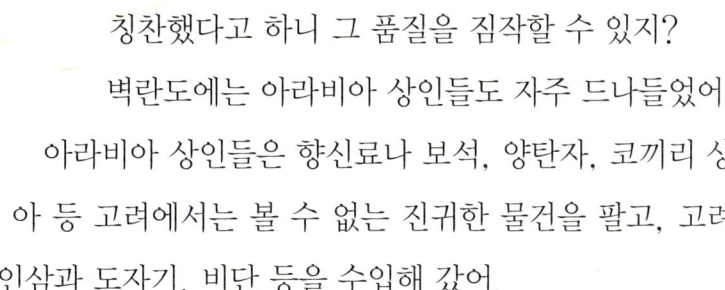

칭찬했다고 하니 그 품질을 짐작할 수 있지?

벽란도에는 아라비아 상인들도 자주 드나들었어. 아라비아 상인들은 향신료나 보석, 양탄자, 코끼리 상아 등 고려에서는 볼 수 없는 진귀한 물건을 팔고, 고려 인삼과 도자기, 비단 등을 수입해 갔어.

고려 사람은 아라비아를 '대식국'이라 불렀고, 고려를 찾은 아라비아 상인들은 고려를 '코리아'라고 불렀단다. 이들을 통해 고려의 이름이 널리 알려지면서 지금 우리나라를 이르는 영어 이름이 '코리아(Korea)'가 된 거야.

벽란도를 찾은 대식국 사람들

고려 시대에는 왜 아라비아를 대식국이라 불렀을까? 대식국(大食國)은 '많이 먹는 나라'라는 뜻의 한자어인데, 중국의 당나라와 송나라 시대에 아라비아를 가리키던 말이야.

아라비아 사람들이 정말 음식을 많이 먹어서 대식국이라 불렸을까? 그렇지는 않은 것 같아. '대식'의 중국어 발음은 페르시아 어로 무역상을 뜻하는 '타지르'와 비슷하단다. 그리고 650년 이후 아라비아 세력이 급속히 영토를 늘려 중국을 위협하자 중국인들이 아라비아를 너무 욕심이 많다고 비난하면서 대식이라 불렀다는 이야기도 있어. 어쨌든 상술이 뛰어난 아라비아 상인은 지중해와 비단길을 무대로 무역 활동을 활발히 벌였어.

대식국 사람이 언제 우리나라에 처음 왔는지는 알 수 없어. 《고려사》에 따르면, 고려 초기인 현종 15년(1024년)에 대식국의 상인 100명이 고려에 와서 조공을 바치고 무역을 했다고 해. 또, 정종 6년(1040년)에도 대식국의 상인들이 고려에 와서 수은, 향료 등을 바쳤다고 기록되어 있어.

학교 탐방

최충의 9재 학당

사립 학교에 몰린
고려의 입시 열풍!

과거 제도가 자리를 잡아 가면서 관직을 얻기 위해 과거 시험을 준비하는 고려의 젊은이들이 점차 늘고 있다. 전국의 수재들이 과거 시험에 몰려들어 경쟁이 치열해지면서 시험에 여러 번 떨어지는 사람도 흔히 볼 수 있다. 최근 과거 시험에 많은 합격자를 낸 최고의 명문 학교, 9재 학당을 찾아가 본다.

최충은 높은 관직을 두루 지낸 정치가이자 이 시대 최고의 유학자다. 나이가 들어 벼슬을 그만둔 최충은 제자들을 기르기 위해 개경에 있는 자기 집 사랑방에 젊은이들을 모아 놓고 공부를 가르치기 시작했다.

과거 시험관을 지낸 최충이 제자를 가르친다는 소문이 퍼지자 과거 합격에 도움이 될 것을 기대한 귀족 자제들이 최충의 집으로 구름처럼 몰려들었다.

이 학교를 찾은 젊은이들의 이야기를 들어 보자.

"최충 선생께 글을 배워야 해. 그래야 과거에 급제해서 관직에 오를 수 있어."

"당연하지. 시험관을 지낸 분이시니 과거 합격에 도움이 될 거야."

최충은 사랑방만으로 몰려드는 젊은이들을 가르칠 수 없어 자기 재산을 털어 새로 학교를 짓고 교실도 여러 개 만들었다. 이 학교가 우리나라 최초의 사립 학교로, 학교에 교실이 9개가 있다고 해서 '9재 학당'이라고 불린다.

9재 학당에는 학생들이 과거 시험을 잘 보게 하기 위한 여러 행사가 열린다. 매년 여름 특강을 여는데, 시원한 산속의 절에 가서 50일 동안 과거 준비를 위한 합숙 훈련을 한다. 이때 불을 붙인 초에 눈금을 새겨 시간을 정해 놓고 그때까지 배운 내용을 평가하는 시험을 치른다. 성적이 우수한 학생에게는 축하 잔치도 열어 준다.

이런 교육 덕분에 9재 학당 출신이 과거에 많이 합격하자 수많은 과거 응시자들이 이 학교에 입학하려고 줄을 서고 있

9재 학당의 여름철 합숙 훈련에는 이 학교 출신으로 과거에 급제한 선배가 후배들을 가르쳤다.

다. 9재 학당에 입학하는 것이 과거 합격의 지름길이기 때문이다.

9재 학당이 인기를 끌자 개경에는 11개의 사립 학교가 잇달아 문을 열었다. 이 학교들은 모두 권위 있는 유학자나 과거 시험관을 지낸 사람들이 세운 것들이다. 최충의 9재 학당을 합쳐 당대 최고의 명문 사립 학교 12개를 '12공도'라 부른다.

12공도에는 과거에 합격하려는 명문 귀족 집안의 아들들이 몰려들어 큰 성황을 이루고 있다. 과거 시험에 대한 열기가 그 어느 때보다 후끈 달아오르고 있다.

개성에 있는 숭양서원. 고려 말의 충신 정몽주의 집터에 세워진 일종의 지방 사립 학교야.

698년
발해가 세워지다

936년
고려가 후삼국을 통일하다

958년
광종, 과거 제도를 실시하다

968년
처음으로 국사와 왕사를 임명하다

**1019년
강감찬이 거란군을
귀주에서 격파하다
—귀주 대첩**

1135년
묘청의 서경 천도 운동

1170년
무신들이 권력을 잡다

거란의 침입과 여진 정벌

성종이 나라의 기틀을 잘 다져 나갈 무렵, 거란이 고려에 침략해 왔어.
고려는 세 차례나 계속된 거란의 침략을 성공적으로 물리쳤어.
거란의 침입을 막고 한숨 돌리려 하자 여진이 세력을 키워 고려를 넘보기 시작했어.
심지어 고려를 신하의 나라로 삼겠다며 협박해 온 거야.
고려는 거란의 침입과 여진의 위협에 어떻게 대처했을까?

1232년
고려, 강화도로 천도하다
몽골의 2차 침입

1351년
공민왕이 왕위에 오르다

1364년
문익점, 중국에서
목화씨를 들여오다

거란이 침입해 오다

10세기 무렵, 거란이 빠르게 성장하고 있었어. 거란은 요나라를 세우고 세력을 키워 만주 지역을 거의 다 차지했어. 거란은 기세를 몰아 송나라에 대한 대대적인 공격을 계획했지. 그런데 고려가 걸림돌이었어. 고려가 송나라를 도우면 거란에게는 힘겨운 전쟁이 될 수 있었거든.

"우리 거란이 송나라를 공격할 때, 고려가 송나라와 손잡고 뒤에서 공격해 오면 어쩌지? 우리는 꼼짝없이 포위당할 수밖에 없으니 걱정이네. 어떻게든 고려를 우리 편으로 만들어야겠어."

거란은 고려 태조 왕건에게 사신과 낙타를 보내 친하게 지내자는 뜻을 전했지만, 태조 왕건은 거란이 고구려를 계승한 발해를 멸망시킨 원수의 나라라며 받아 주지 않았지. 태조를 이은 고려의 왕들도 거란을 멀리하고 경계했어. 고려가 송나라하고만 가깝게 지내니 거란은 분통이 터졌지.

993년 거란의 장수 소손녕이 80만 대군을 이끌고 압록강을 넘어 고려에 침입해 왔어. 고려의 국경이 순식간에 무너졌지. 소손녕은 고려의 여러 성들을 잇달아 함락시키고, 고려 조정에 항복을 요구해 왔어.

"고려의 왕과 신하들은 항복하는 게 좋을 것이다. 만일 항복하지 않으면 고려를 쑥대밭으로 만들어 버릴 테다."

서희의 담판으로 거란의 1차 침략을 물리치다

고려 조정은 발칵 뒤집혔어. 성종은 대신들과 대책을 의논했어.

"사태가 심각하오. 거란이 항복을 요구하는데 어떻게 하면 좋겠소?"

많은 신하들이 항복하자고 주장했어.

"거란의 힘을 당할 수 없으니, 일단 서경 이북의 땅을 내주고 항복했다가 때를 기다려 보복해도 될 것이옵니다."

이때 서희가 입을 열었어.

"전쟁의 승패는 군사의 수가 적고 많음이 아니라, 적의 약점을 살펴 어떻게 전략을 펼치느냐에 달려 있습니다. 싸우지도 않고 항복할 수는 없습니다. 지금 그 땅을 내주면 나중에는 모든 영토를 내줘야 할 수도 있습니다. 소신을 적진에 보내 주시면 적을 달래어 보겠사옵니다."

서희는 왕의 허락을 받고 거란 진영을 찾아가 소손녕과 담판을 벌였어.

먼저 소손녕이 서희에게 물었어.

"고려는 신라 땅에서 일어났고, 우리 거란은 고구려 땅에 세운 나라다. 그러니 고려가 차지

서희는 국제 정세에 밝아서 거란과 담판을 지을 꾀와 협상력이 있었어.

오오..

한 옛 고구려 땅을 모두 내놓아라."

서희는 조금도 굽히지 않고 당당하게 대답했어.

"무슨 소리인가? 우리야말로 고구려를 계승한 나라로, 나라 이름도 고려라 했다. 오히려 당신들이 살고 있는 우리 고려 땅을 내놓아야 한다."

서희의 반격에 움찔해진 소손녕은 말머리를 돌렸어.

"국경을 마주하며 가까이 있는 우리는 외면하고 바다 건너 송나라하고만 친하게 지내는 이유가 무엇인가?"

서희는 고려가 송나라와 관계를 끊고 거란과 친해지기를 바라는 거란의 속셈을 알아차리고 재치를 발휘해 대답했지.

"여진이 압록강 일대를 차지한 채 가로막고 있기 때문이다. 당신들이 여진을 내쫓고 길을 열어 준다면 사신을 교류할 것이다."

소손녕은 서희의 말에 아주 흡족해졌어.

"그게 정말인가? 송나라와 관계를 끊고 거란과 교류하겠다면 그 땅을 당장 고려에 넘겨주겠다."

협상 끝! 고려가 송나라와의 관계를 끊고 거란에 사신

● 강동 6주

을 보내는 조건으로 거란은 고려에 압록강 부근의 땅을 내주고 돌아갔어. 고려는 여기에 여섯 개의 성을 세웠는데, 이곳을 '강동 6주'라고 해. 압록강 동쪽에 있는 여섯 개의 성이라는 뜻이지. 서희 덕분에 고려는 싸우지도 않고 거란을 물리쳤을 뿐 아니라 영토를 압록강 부근까지 넓혔어.

고려를 위기에서 구한 또 한 사람, 강감찬

거란의 침략은 이것으로 끝나지 않았어. 거란은 두 차례나 더 고려를 침략해 왔어. 기다리던 고려 사신은 오지 않고, 송나라와 관계를 끊겠다고 약속한 고려가 송나라와 계속 친하게 지내는 것을 알게 되자, 1010년 거란이 40만 대군을 이끌고 고려를 두 번째로 침략해 왔어. 이번에는 개경이 함락되고 왕이 피난을 가는 위기를 맞았지만, 고려의 반격으로 거란은 별 성과를 거두지 못하고 결국 물러갔지.

1018년에는 강동 6주를 돌려 달라며 소배압을 앞세운 10만의 거란군이 세 번째로 고려에 쳐들어왔어. 거란의 3차 침략을 막은 영웅은 강감찬이

었어. 강감찬은 거란의 침략을 미리 예상하고 준비를 철저히 했어.

"쇠가죽을 이어 압록강의 물줄기를 막아라. 적들이 이곳을 반드시 지나갈 것이다. 내가 신호를 보내면 그때 일제히 물길을 트도록 하라."

거란군이 아무것도 모르고 그곳을 지날 때, 강감찬의 명령이 떨어졌어.

"쇠가죽을 끊어라!"

거란군은 갑자기 늘어난 강물에 물대포를 맞고 참패하고 말았지. 고려의 기습 공격이 대성공을 거두었어.

기세가 꺾여 철수할 만도 한데, 거란군 사령관 소배압은 오기를 부리며 개경으로 진격했어. 개경 사람들은 똘똘 뭉쳐 거란군의 공격에 대비했지.

"곡식은 한 톨도 남기지 말고, 우물은 모조리 메워 버려라. 그리고 사람들은 모두 성안으로 피신해라."

식량은커녕 물조차 구할 수 없는 소배압은 결국 군대를 되돌려 철수하기로 했어. 강감찬은 귀주에서 돌아가는 거란군을 또다시 밀어붙여

강감찬 초상화
강감찬은 거란군의 침략에서 고려를 구해 낸 영웅 중의 영웅이야.

귀주 대첩도 강감찬이 이끄는 고려군은 거란군을 앞뒤에서 협공하여 대승리를 거뒀어.

대승을 거두었어. 이때 살아 돌아간 거란군은 수천 명에 불과했어. 이 전투를 귀주 대첩이라고 해.

이렇게 하여 약 30년 동안 이어진 거란의 침략은 끝이 났어. 세 번에 걸친 거란의 침입을 잘 막아 낸 고려는 작지만 강한 나라임을 보여 주었지. 이제 고려는 송이나 거란의 눈치를 보지 않고 당당하게 송나라, 거란과 동시에 교류할 수 있게 되었어. 고려는 또 다른 침입에 대비해 개경 주위에 나성을 쌓고 북쪽에는 천리장성을 쌓아 국경 수비를 한층 강화했어.

여진의 위협

거란이 잠잠해지자, 이번에는 여진이 말썽이었어. 고려가 나라를 세울 때만 해도 여진은 고려를 부모의 나라로 섬겼어.

그런데 11세기 말부터 만주 지역에 흩어져 있던 여진의 여러 부족들이 하나로 뭉쳐 세력을 키우더니 고려를 넘보기 시작했어. 고려는 윤관을 총사령관으로 삼아 군대를 파견해 여진을 정벌하려고 했어. 하지만 날쌘 기병을 앞세운 여진에게 크게 패하고 말았지.

윤관은 여진의 기병에 맞설 특수 부대를 만들자고 왕에게 건의했어.

"여진은 말을 타고 싸우는 기병들이 막강합니다. 우리도 기병을 만들어 대비하지 않으면 여진을 당해 낼 수 없습니다."

이 건의에 따라 기병을 주력으로 한 별무반이라는 특수 부대가 만들어졌어. 1107년 여진이 다시 쳐들어오자, 윤관은 17만 대군을 이끌고 전쟁터로 나가 여진을 정벌했어. 이때 윤관은 여진을 멀리 몰아내고 새로 차지한 땅에 9개의 성을 쌓아 백성을 이주시켜 고려의 영토로 만들었어. 이곳을 '동북 9성'이라고 해.

고려는 동북 9성을 오래 지키지 못했어. 삶의 터전을 잃게 된 여진이 고려에 사신을 보내 자신들이 살던 땅을 돌려 달라고 계속 애원했거든.

척경입비도
윤관이 여진을 정벌한 뒤 선춘령에 고려의 경계를 나타내는 비석을 세우는 장면을 그린 그림이야. 조선 후기에 여러 그림을 묶어 만든 《북관유적도첩》에 실려 있어.

"고려가 쌓은 9성을 다시 돌려준다면, 대대손손 고려를 아버지의 나라로 섬기겠소."

결국 고려는 다시는 국경을 침략하지 않겠다는 약속을 받고, 여진에게 동북 9성을 다시 돌려주고 말았어.

그런데 이게 웬걸! 여진은 동북 9성을 기반으로 힘을 키워 1115년에 금 나라를 세웠어. 얼마 후, 거란이 세운 요나라를 멸망시키고 만주와 중국의 북쪽까지 차지했지. 기세가 오른 여진은 고려를 위협했어.

"여진은 군주의 나라이며 고려는 신하의 나라이니, 고려는 여진을 섬겨야 할 것이다. 그렇지 않으면 고려를 쳐 버릴 테니 그리 알라!"

이때 고려에서 권력을 잡고 있던 이자겸이 왕과 대신들의 반대에도 불구하고 여진의 요구를 들어주고 말았어. 여진과 전쟁을 하면 자신의 권력이 흔들릴까 봐 염려했기 때문이야. 여진과의 전쟁은 피할 수 있었지만, 고려의 자존심은 큰 상처를 입었어.

고려의 천리장성과 중국의 만리장성

거란과의 전쟁을 끝낸 고려는 국경 수비를 강화하기 위해 압록강 어귀에서 동해안의 도련포까지 북쪽 국경선을 따라 성을 쌓았어. 천 리 길이의 이 성을 '천리장성'이라고 해.

중국의 만리장성은 최초로 중국을 통일한 진나라 시황제가 처음 세운 것으로 알려져 있어. 하지만 사실은 그보다 훨씬 전인 춘추전국 시대에 국경을 방어할 목적으로 세운 성벽이 만리장성의 기원이 된단다. 진시황제는 이미 만들어진 여러 성벽을 하나로 잇고 길이를 연장하여 만리장성이라는 모습을 갖추게 한 것이지.

처음 만리장성이 건축될 무렵의 길이는 약 1,500킬로미터였지만, 이후 명나라 때 총 길이가 2,700킬로미터에 이르는 현재의 규모와 모습을 갖추게 되었어. 중간에 갈라져 나온 작은 성곽까지 포함하면 만리장성의 총 길이는 약 6,300킬로미터에 이른다고 해.

만리장성은 세계에서 가장 큰 규모의 성벽으로 가치를 인정받아, 1987년 유네스코 세계문화유산에 올랐어.

120분 토론

위기의 동북9성 지킬 것인가? 여진에게 돌려줄 것인가?

윤관은 여진을 몰아내고 여진이 살던 땅에 9개의 성을 쌓았다. 살 곳을 잃은 여진은 9성을 돌려 달라고 고려에 간청했다. 이 문제를 놓고 예종과 윤관을 비롯한 신하들이 토론을 벌였다.

예종 여진이 2년 만에 9성을 돌려 달라고 애원하는데 어떻게 하면 좋겠소?
윤관 고려 군대가 목숨을 걸고 차지한 땅입니다. 나라의 먼 장래를 위해서 9성을 고려의 영토로 지켜 내야 합니다.

나반대 땅을 빼앗겨 살 곳을 잃은 여진이 하루가 멀다 하고 싸움을 걸어 와 많은 피해를 주고

있습니다. 이 때문에 우리 병사들이 죽어 가고 있으니 백성들의 원망만 살 뿐입니다.

윤관 아니 되옵니다. 이 땅을 여진에게 돌려주면 훗날 여진이 강성해져 다시 우리 고려를 넘볼 수도 있습니다.

반대요 그건 현실을 모르고 하는 말입니다. 9성은 개경에서 너무 멀리 떨어져 있고 지형이 험해 지키기도 어렵습니다. 이곳을 지키는 데 드는 비용도 만만치 않아 나랏돈이 하염없이 빠져나가고 있습니다. 안 그래도 포기해야 할 판에 여진이 돌려 달라고 저렇게 애원하니, 이참에 돌려주는 게 좋겠습니다.

예종 여러 대신들의 의견이 여진에게 동북 9성을 돌려주는 쪽으로 기울었으니 여진에게 돌려줍시다. 사실 동북 9성을 유지하기도 힘든데, 여진이 조공까지 바치겠다고 하니 잘되었소.

나반대 윤관은 골칫거리가 된 9성 문제를 만든 장본인입니다. 모든 책임은 잘못된 전쟁을 이끈 윤관에게 있으니, 그의 벼슬을 빼앗고 공신 명단에서 이름을 빼는 것이 옳습니다.

예종 어허, 그건 너무 심한 말이오. 여진 정벌에 성공을 거둔 윤관의 공로를 인정해 내가 직접 벼슬을 올려 주지 않았소?

반대요 윤관이 쓸데없는 일에 국력을 낭비했으니 벼슬에서 쫓아내야 마땅합니다.

예종 음, 비록 조정 대신들의 반대로 윤관 그대의 벼슬을 거두지만, 곧 내가 다시 부를 거요.

윤관 아니옵니다. 이제 소신은 물러나 죽는 날까지 조용히 살 것입니다.

> ❝
> 나중에 예종이 다시 벼슬을 내렸으나, 윤관은 이를 정중히 사양했다. 훗날, 여진이 금나라를 세워 세력을 떨친 데는 이때 돌려받은 9성이 바탕이 되었다.
> ❞

698년
발해가 세워지다

936년
고려가 후삼국을 통일하다

958년
광종, 과거 제도를 실시하다

968년
처음으로 국사와 왕사를 임명하다

1019년
강감찬이 거란군을
귀주에서 격파하다
-귀주 대첩

1135년
묘청의 서경 천도 운동

1170년
무신들이 권력을 잡다

이자겸의 난과 묘청의 서경 천도 운동

6

고려 밖에서 여진이 세력을 키워 고려를 위협할 무렵, 고려 안에서도 두 차례나 잇달아 위기가 닥쳐왔어. 1126년 이자겸이 스스로 왕이 되려고 난을 일으켰고, 1135년에는 묘청이 수도를 서경으로 옮기겠다며 들고일어난 거야. 고려에 무슨 일이 일어나고 있었는지 고려 안으로 들어가 보자.

1232년
고려, 강화도로 천도하다
몽골의 2차 침입

1351년
공민왕이 왕위에 오르다

1364년
문익점, 중국에서
목화씨를 들여오다

고려의 새로운 지배층, 문벌 귀족

성종 때를 지나면서 고려 사회에는 새로운 지배층이 만들어졌어. 광종 때부터 실시한 과거 시험에 유능한 인재들이 합격하면서 생긴 일이야.

합격자를 많이 뽑지도 않고 시험도 아주 어려워 과거에 합격하기란 쉽지 않았어. 게다가 과거를 아무나 볼 수도 없었어. 과거를 보려면 아버지와 할아버지, 외할아버지가 무슨 벼슬을 했는지 써내야 했거든. 결국 벼슬을 한 조상이 있는 일부 가문에서만 계속해서 합격자가 나오게 됐지.

이 가문들이 여러 세대에 걸쳐 나라의 중요한 벼슬을 차지하며 최고 권력층으로 올라섰어. 이 가문들을 '문벌 귀족'이라고 해. 문벌이란 대대로 관직과 토지를 받아 지위와 권세를 누린 가문이란 뜻이야.

문벌 귀족은 많은 특혜를 누렸어. 나라에서 관리들에게 주는 토지와 노비를 받았을 뿐 아니라, 자식에게 물려줄 수 있는 토지도 공짜로 받았어. 또 자손들은 과거를 보지 않고도 관리가 될 수 있었지.

문벌 귀족은 다른 문벌 귀족하고만 혼인을 하며 자신들의 지위와 권력을 단단히 지켜 나갔어. 이들에게 가장 유리한 혼인은 왕실과의 혼인이었어. 왕에게 딸을 시집보내 왕실의 친척이 되면 권력을 더 확실하게 주무를 수 있기 때문이었지.

대표적인 문벌 귀족 가문으로는 이자겸의 경원 이씨와 김부식의 경주 김씨, 학자로 이름난 최충의 해주 최씨 등이 있었어.

경원 이씨 집안은 문벌 귀족 가운데에서도 아주 세력이 강했어. 이자겸의 할아버지 이자연은 세 딸과 세 명의 손녀를 모두 왕에게 시집보냈어.

이자겸도 마찬가지였어. 둘째 딸을 예종에게 시집보내고, 예종의 아들인 인종에게 셋째 딸과 넷째 딸을 시집보냈지. 인종은 이모들과 혼인한 셈이었어. 어떻게 이모와 결혼을 하냐고? 놀라지 마. 요즘과는 달리 당시에는 이런 결혼이 낯설지 않은 일이었단다.

그렇게 경원 이씨 집안은 3대에 걸쳐 80여 년 간 무려 10명의 왕비를 냈어. 그러는 동안 권력과 부를 독차지하며 엄청난 권세를 누렸어.

소수의 문벌 귀족들은 나라의 높은 벼슬을 독차지하면서 무서울 것이 없었어. 권력을 휘두르는 문벌 귀족의 문제를 그대로 드러내는 사건이 벌어졌어. 바로 이자겸의 난이야.

이자겸, 왕이 되려 하다

예종이 갑자기 죽자 인종은 열네 살에 왕이 되었어. 하지만 인종에게는 별 힘이 없었어. 나이도 어린 데다가

모든 권력은 장인이자 외할아버지인 이자겸이 쥐고 있었거든.

이자겸은 왕에 버금가는 권력을 휘두르고 사치스러운 생활을 했어. 그가 살던 집은 궁궐처럼 호화롭고 방이 수백 칸이나 됐어. 그것도 모자랐는지 백성들의 토지와 재물까지 마구 빼앗아 백성들의 원망이 높았지.

"이자겸 집의 창고에는 사람들이 바친 뇌물로 차고 넘친다네."

"사방에서 음식 선물이 들어와 썩어서 버리는 고기가 수만 근에 이른대. 그런데도 우리 재물을 빼앗아 가니 욕심이 하늘을 찌를 정도지."

이뿐만이 아니었어. 여진이 고려에 신하의 나라가 될 것을 강요해 오자, 자신의 권력을 잃게 될까 봐 여진의 요구를 받아들였지.

"나라의 체통 따위에는 관심 없어. 내 권력을 지키는 게 더 중요하지."

거란의 대군을 세 차례나 물리친 고려가 제대로 싸움 한 번 못 해 보고 여진에게 굴복했으니, 많은 사람들이 이자겸의 결정에 분통을 터뜨렸지. 하지만 이자겸이 하는 일을 감히 막을 수 있는 사람은 없었어.

어느덧 성인이 된 인종은 이자겸 때문에 걱정이 이만저만이 아니었지.

"장인이 나라의 권세를 쥐고 흔드니 임금의 위신이 말이 아니야. 그냥 둬선 안 되겠어."

인종은 믿을 만한 신하들에게 이자겸을 제거하라는 명령을 내렸어. 그런데 이 사실을 알게 된 이자겸은 사돈인 척준경과 손을 잡고 반란을 일으켰어. 궁궐에 불을 지르고 인종을 자신의 집에 가두었어. 그러고는 왕이나 된 것처럼 나랏일을 자기가 다 처리했지.

이 무렵, 이씨가 왕이 될 거라는 이상한 소문이 나돌았어. 이자겸은 이 소문을 믿고 왕이 되려는 욕심을 키웠어.

인종의 시책
시책이란 왕이 죽은 뒤 그 업적과 인품을 칭송한 글이야.

인종의 무덤에서 나온 청동 도장
청동 도장은 왕실의 권위를 상징하기 위해 만든 거야.

"음, 소문대로 내가 왕이 되려면 왕을 죽이는 수밖에 없지."

이자겸은 약에 독을 타서 인종을 죽이려 했어. 하지만 이 사실을 미리 안 왕비가 일부러 약사발을 엎어 인종은 겨우 화를 면할 수 있었지.

이자겸의 권세도 그리 오래가지 못했어. 그 즈음, 척준경과 이자겸의 사이가 벌어진 것을 알아채고, 인종은 척준경을 설득해 봤어.

"이자겸이 그대를 몹시 의심하고 있다는 소문을 들었소? 그대의 세력이 너무 커지니까 불편해진 모양이오. 게다가 왕까지 죽이려고 하는데, 나라에 충성을 다하는 그대 같은 사람이 왕을 도와야 하지 않겠소?"

척준경은 왕에 대한 충성심이 아예 없는 인물은 아니었던 모양이야. 결국 왕에게로 마음이 돌아섰지.

인종은 척준경을 앞세워 이자겸을 잡아들였어. 그리고 이자겸을 반역죄로 귀양을 보냈어.

왕의 자리를 위태롭게 한 이자겸이 제거되었으니 이제 인종은 안심해도 될까? 아니야. 10년이 채 지나기도 전, 또 다른 위기가 기다리고 있었어.

묘청의 서경 천도 운동

인종은 이자겸의 난을 수습하고 왕의 자리를 지킬 수 있었지만 왕권은 크게 떨어지고 말았지. 게다가 여진의 요구에 굴복한 것 때문에 민심마저 흔들리고 있었어.

이때 서경 출신 승려 묘청이 도읍을 서경으로 옮기자고 했어.

"폐하, 나라에 흉한 일이 많이 생기는 것은 개경의 땅 기운이 약해졌기 때문이니 기운이 왕성한 서경으로 도읍을 옮겨야 합니다. 서경에 궁궐을 짓고 옮겨 앉으시면 금나라가 스스로 찾아와 항복할 것이요, 주변의 36 나라가 모두 고려에 머리를 조아릴 것입니다."

인종은 묘청의 말에 마음이 움직였어.

"서경으로 도읍을 옮기면 개경의 문벌 귀족을 한 번에 눌러 버릴 수도 있고, 왕의 위신도 다시 세울 수 있을 거야."

인종은 곧 서경에 대화궁이라는 새로운 궁궐을 짓게 했어. 1년 만에 궁궐이 완성되었지. 이때 묘청은 금나라를 정벌할 것을 주장했어.

"고려를 황제의 나라로 선포하고, 서경을 북진 정책의 발판으로 삼아 여진이 세운 금나라를 정벌해야 합니다. 우리가 모자랄 것이 없는데 금나라에 신하의 예를 갖출 필요가 있습니까?"

평양의 전경을 담은 조선 시대 그림이야.
(성균관대학교 박물관)

서경은 태조 왕건 이래로 개경에 이은 또 하나의 수도나 다름없었어.

원더풀! 평양은 고구려의 도읍답게 멋져!

서경 출신의 귀족인 정지상, 백수한 등이 묘청의 주장을 지지했어.

하지만 개경을 터전으로 권력을 쥐고 있던 문벌 귀족들은 반대하고 나섰어. 도읍을 옮기면 자신들의 권력이 무너질까 염려했기 때문이지.

"묘청이 서경으로 도읍을 옮기자는 것은 자기 욕심을 채우기 위해서입니다. 나라도 어지러운데 도읍을 옮기면 백성들의 원성만 살 뿐입니다."

"막강한 힘을 가진 금나라와 싸울 수는 없습니다. 묘청과 그를 따르는 무리가 가당치도 않은 주장을 하여 임금님과 민심을 홀리고 있습니다. 요사스러운 중의 말을 듣다가는 나라가 위태로워질 것입니다."

얼마 뒤 새로 지은 궁궐에 벼락이 떨어지는가 하면, 인종이 서경으로 가는 길에 폭풍우가 쏟아져 말이 놀라 달아나 사람이 다치는 소동이 벌어졌어. 이 일로 개경의 귀족들은 더 강하게 서경 천도를 반대하고 나섰어.

"서경이 좋은 땅이라면 이런 불길한 일이 일어나겠습니까? 새 궁궐을 지으면 문제가 해결될 것이라는 묘청의 주장은 거짓임이 드러났습니다."

개경의 문벌 귀족들이 거세게 반대하자, 인종은 결국 마음을 바꾸어 서경으로 도읍을 옮기지 않기로 했어.

그러자 1135년 묘청과 그를 따르는 서경 세력은 서경에서 반란을 일으켜 나라를 세우고 이름을 대위국이라 했어. 개경의 문벌 귀족은 김부식을 총사령관으로 내세워 반란 진압에 나섰지. 묘청 세력은 완강하게 저항했지만 내부 분열로 묘청은 목숨을 잃었고 반란은 1년 만에 진압되었어.

이렇게 묘청의 서경 천도 운동은 끝이 났어. 여진에게 무너진 고려의 자존심을 되찾으려 한 묘청의 꿈은 이뤄지지 못했고, 개경의 문벌 귀족에 대한 서경 세력의 도전도 좌절되고 말았어. 서경 세력이 제거된 뒤 개경의 문벌 귀족은 이제 거칠 것이 없었어.

고려와 고대 이집트의 근친혼

인종이 이모들과 결혼한 것처럼 가까운 친척끼리의 결혼을 '근친혼'이라고 해. 당시에는 가까운 친척끼리 결혼하는 게 이상한 일이 아니었어. 신라 왕실에도 근친혼의 풍습이 있었고, 고려 태조 왕건은 어머니가 다른 아들딸을 결혼시켜 서로 친척이 되게 했지.

고대 이집트 왕실에서도 근친혼이 성행했어. 심지어 형제자매 사이의 결혼도 자연스러운 것이었어. 프톨레마이오스 12세의 둘째 딸인 클레오파트라는 아버지가 죽은 뒤 남동생 프톨레마이오스 13세와 결혼하고 함께 왕위에 올랐어. 여왕의 나이는 18세, 남동생은 10세였어.

이집트 왕실에서 근친혼을 하게 된 것은 왕실 혈통의 순수성을 지키고 왕권을 안정시키기 위해서였어. 이집트 사람들은 왕을 신의 아들로 여겼기 때문에 왕이 보통 사람과 결혼한다는 것은 상상할 수 없는 일이었지. 그래서 이집트 왕실은 근친혼을 법으로 정해 왕실의 피가 다른 피와 섞이지 않게 했던 거야.

묘청의 서경 천도 운동

698년
발해가 세워지다

936년
고려가 후삼국을 통일하다

958년
광종, 과거 제도를 실시하다

968년
처음으로 국사와 왕사를 임명하다

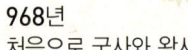

1019년
강감찬이 거란군을
귀주에서 격파하다
-귀주 대첩

1135년
묘청의 서경 천도 운동

1170년
무신들이 권력을 잡다

무신들이 난을 일으키다

1170년 고려를 뒤흔든 사건이 일어났어. 무신들이 반란을 일으킨 거야. 무신들은 문신들을 몰아내고 정권을 잡는 데 성공했어. 왜 이런 일이 일어났을까? 무신들이 권력을 잡은 뒤 고려는 어떻게 달라졌을까? 함께 무신의 난이 일어난 역사 현장을 찾아가 보자꾸나.

1232년
고려, 강화도로 천도하다
몽골의 2차 침입

1351년
공민왕이 왕위에 오르다

1364년
문익점, 중국에서 목화씨를 들여오다

무신들이 난을 일으키다

1170년 8월 어느 날, 의종은 신하들을 거느리고 보현원으로 나들이를 떠났어. 보현원은 의종이 연회를 즐기려 자주 찾는 곳이었어. 가는 도중, 의종은 행차를 멈추고 잔치를 벌였지. 무신들은 여느 때와 마찬가지로 보초를 서며 호위를 했어.

의종은 흥을 돋우려고 무신들에게 오병수박희를 시켰단다. 왕의 명령에 따라 50대의 대장군 이소응이 젊은 장수와 시합을 벌였어. 아무리 대장군이라 해도 나이는 속일 수 없었는지 이소응이 곧 힘든 기색을 보였단다. 이때 새파랗게 젊은 문신 한뢰가 의종과 신하들이 모두 보는 앞에서 대뜸 이소응의 뺨을 때린 거야.

"대장군이란 자가 부하한테 지다니! 이게 말이 되오?"

왕과 문신들은 말리기는커녕 재미있다며 손뼉

오병수박희
무신들이 즐겨 하던 무술의 하나였어. 발보다는 주로 손을 써서 상대를 공격하는 것이 특징이어서 맨손 격투기라고 할 수 있지.

을 치고 깔깔거리며 웃었어. 분을 참지 못한 무신 정중부가 한뢰의 멱살을 움켜잡고 소리를 질렀어.

"네 이놈! 누구에게 손찌검이냐? 나이도 어린 놈이 감히 대장군을 모욕할 수 있단 말이냐?"

금방이라도 큰일이 벌어질 것 같았지. 주변 사람들이 뜯어말려 다행히 큰 싸움으로 번지지는 않았지만 무신들은 참을 수 없는 분노에 몸을 떨었단다.

그날 밤 무신들은 더 이상 수모를 참을 수 없다고 뜻을 모았어.

"문신의 관을 쓴 자는 비록 벼슬이 낮더라도 씨를 남기지 마라! 한 놈도 살리지 말고 모조리 죽여라!"

정중부의 지휘로 무신들이 문신들을 죽이기 시작했어. 이소응의 뺨을 때렸던 한뢰도 처참하게 살해됐어. 무신들이 뭉쳤는데 누가 감히 당해 내겠어?

"이놈들, 그렇게 무신을 무시하고도 살아남을 줄 알았더냐?"

보현원 연못에는 문신들의 시체가 산더미처럼 쌓였단다. 이어서 무신들은 궁궐을 손에 넣은 후 의종을 거제도로 귀양을 보냈어. 의종의 신세가 아주 가엾게 되었지? 그 후 이의민이라는 무신이 정중부의 명령에 따라 경주에 갇혀 있던 의종을 찾아갔어. 그러고는 의종을 허리를 부러뜨리고 커다란 가마솥에 넣어 연못에 던져 죽여 버렸단다.

무신들의 반란은 순식간에 성공을 거두었어. 하루아침에 무신들이 주름잡는 세상이 되었어. 이 사건을 무신 정변 또는 무신의 난이라고 해.

차별받는 무신들

왜 이런 일이 생겼을까? 무신의 난이 일어난 것은 문신 한뢰의 못된 행

공민왕릉에 있는 문신상과 무신상이야. 문신상은 무덤과 가까운 윗단에, 무신상은 아랫단에 서 있어. 무신과 문신의 관계를 상징적으로 보여 주는 사진이야.

동 때문이었지만, 단지 이 사건 때문에 무신들의 분노가 폭발한 것은 아니야. 드러나지는 않았지만 안 보이는 곳에서 무신들의 불만이 쌓이고 있었단다.

고려 시대 무신은 문신들에 비해 심한 차별 대우를 받아 왔어. 고려는 무신들을 과거 시험을 통해 뽑지 않았어. 그러니 높은 관직은 모두 문신들이 차지할 수밖에 없었지. 전쟁이 일어나도 최고 지휘관은 모두 문신이 차지했고 무신은 문신의 지휘를 받아야 하는 처지였어.

그뿐만 아니라 무신들에게 내려줄 땅을 문신들이 다 차지하는 바람에 무신들은 받아야 할 땅을 제대로 받지도 못했어. 무신들의 눈에 문신들이 곱게 보일 리가 없었지.

문신을 우대하고 무신을 천대하는 분위기는 계속되어 왔지만 의종 때처럼 심하지는 않았어. 왕과 문신들이 먹고 마시면서 향연을 즐기는 동안, 무신들은 옆에서 제대로 먹지도 못하고 보초를 서야 하는 호위병 신세가 되었어. 찬밥 신세가 따로 없었지.

오랫동안 멸시와 차별을 받아 오던 무신들은 문신들에게 복수할 기회만 노리고 있었어. 쌓이고 쌓인 무신들의 불만이 보현원에서 마침내 폭발하고 만 거야.

권력 다툼에 빠진 무신들

무신들이 부당한 차별을 받았다면 권력을 잡은 뒤에는 잘못된 제도를 바로잡아야 했어. 하지만 정권을 잡은 무신들은 잘못된 제도와 사회를 고치는 데 힘쓰기는커녕, 오로지 권력을 차지하는 데만 혈안이 되었어.

무신들끼리 서로 죽고 죽이는 권력 다툼 끝에 최충헌이 권력을 잡았어. 그는 강력한 군사를 길러서 반대파는 말할 것도 없고 자신에게 위협이 될 만한 세력은 모조리 제거했어.

"음, 동생 녀석도 내 권력을 넘보고 있으니 없애 버려야겠어. 내가 가는 길을 막는다면 동생이라도 봐줄 수 없지."

동생마저 제거하자 더 이상 최충헌에 맞설 세력은 없었어. 그리하여 최충헌은 자신의 아들, 또 그 아들의 아들에게까지 권력을 물려주며 4대에 걸쳐 60여 년 동안이나 권력을 휘둘렀어. 자기 마음에 안 든다고 네 명의 왕까지 갈아 치워 가면서 말이야.

최충헌
무신 정권 때 가장 오래 권력을 잡은 인물이야. 자기 집에서 나랏일을 마음대로 주무르며 큰 권력을 누렸어.

"아무래도 왕을 새로 바꿔야겠어. 누가 좋을까?"

이렇게 되자 왕들이 벌벌 떨었겠지? 무신들의 눈치를 보면서 죽지 않는 것만을 고마워할 정도였어.

> 먹고살기 힘든 백성들은 이래 죽으나 저래 죽으나 마찬가지라는 심정으로 봉기를 일으켰어.

성난 백성들이 들고일어나다

무신들이 다스리는 동안 나라는 매우 혼란스러웠어. 무신들은 힘없는 백성들을 함부로 잡아다가 노비로 만드는가 하면, 농민의 땅을 함부로 빼앗고 무거운 세금을 걷었지. 성난 농민과 천민들이 전국 곳곳에서 들고일어났어.

1176년, 공주의 명학소에서는 망이와 망소이 형제가 봉기를 일으켰어. '소'에 사는 사람들은 일반 백성들과는 다른 차별을 받아 그 지역 안에서만 살아야 했고, 세금도 훨씬 많이 내야 했단다. 망이와 망소이가 살던 명학소도 그런 마을의 하나였지. 망

망이와 망소이가 일으킨 봉기를 기념하여 명학소(당시에는 공주목에 속했지만 지금은 대전시에 속함)에 세운 탑이야.

이와 망소이는 이런 차별을 없애 달라며 이곳 사람들과 함께 봉기를 일으켰어.
"싸우다 죽을지언정 결코 항복하여 포로가 되지는 않겠다."
망이와 망소이가 이끈 봉기는 한때 충청도의 대부분 지역을 차지할 정도로 기세가 대단했지만, 조정에서 보낸 군대의

총공격을 받고 일 년 반 만에 끝이 났어.

농민과 노비들의 봉기도 이어졌단다. 경상도에서는 농민 김사미와 효심이, 전주에서는 관청에 소속된 노비들이 봉기를 일으켰어. 이들은 관청에 쳐들어가 못된 관리들을 혼내 주고, 관청의 창고를 헐어 어려운 백성들에게 곡식을 나누어 주기도 했어.

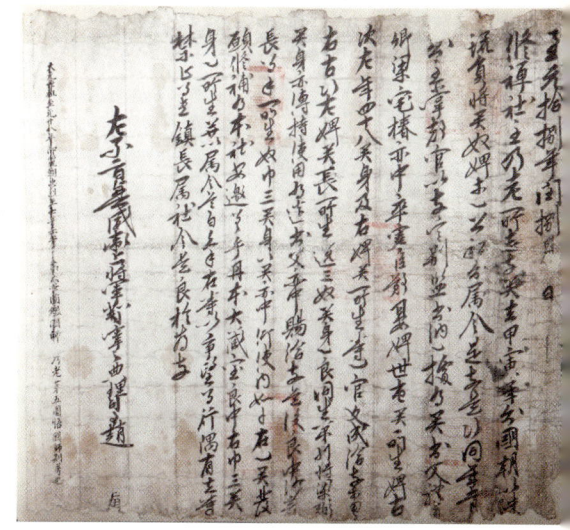

고려 시대의 노비 문서. 전라남도 순천에 있는 송광사라는 절의 주지 스님이 작성한 거야.

노비 만적, 신분 해방을 외치다

개경에서도 노비들이 반란을 계획하고 있었단다. 그 주인공은 바로 만적이었어. 만적은 무신 정권의 최고 실력자인 최충헌의 노비였어. 만적은 문신들에게 멸시를 받던 무신들이 권력을 잡고 천민이 권력의 꼭대기까지 올라가는 걸 지켜보면서 자신도 미천한 노비 신분을 벗어날 수 있다고 생각했어.

만적이 동료 노비들과 뒷산에서 나무를 하던 1198년 5월 어느 날이었어. 만적은 함께 간 노비들을 불러 모아 놓고 말했어.

"무신들이 권세를 잡은 뒤로 천민과 노비 중에서도 실력자가 많이 나왔소. 왕이나 귀족, 장수와 재상의 씨가 어찌 따로 있단 말이오? 때가 오면 누구든 할 수 있는 것이오. 왜 우리라고 해서 힘든 일에 시달리고 채찍질을 받아 가며 고생만 해야 한단 말이오?"

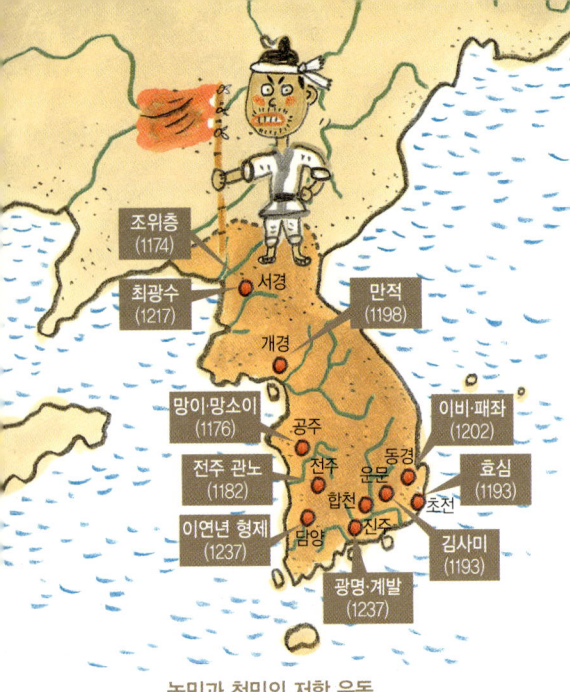

농민과 천민의 저항 운동

그 자리에 있던 노비들은 만적의 말에 모두 환호성을 지르며 함께하기로 다짐했단다. 만적은 누런 종이 수천 장을 잘라 '정(丁)' 자를 새겨 나누어 주며 약속했어.

"다 함께 힘을 모아 노비가 없는 세상을 만들어 봅시다!"

왜 '정'자를 썼냐고? '정'에는 평민이라는 뜻이 담겨 있어. 천한 노비에서 벗어나 평민이 되고 싶다는 소망을 나타낸 것이었지. 출생 신분을 타고난 운명으로 당연히 받아들이던 시대에 노비 만적은 신분 해방을 꿈꾼 거야!

만적은 치밀한 계획을 세웠어.

"거사 날에는 각자 자기 집주인을 죽이고 노비 문서를 불태운 뒤 모두 궁궐로 쳐들어갑시다!"

이 계획에 참여하기로 한 노비가 수천 명에 이르렀어. 그런데 약속한 날에 모인 노비는 수백 명도 되지 않았어. 만적은 다른 날을 잡아 다시 모이기로 약속하고 돌려보냈어.

"우리 계획을 누구에게도 말해서는 아니 되오. 모두 입조심해야 할 것이오."

하지만 이날 모인 노비 가운데 한 사람이 자기 주인에게 고자질하고 말았어. 이 사실은 곧 최충헌의 귀에 들어갔고, 결국 만적과 100여 명의 노비가 붙잡혔어.

"주인도 몰라보는 짐승만도 못한 놈들이다. 저놈들을 꽁꽁 묶어 산 채로 강물에 던져 버려라!"

결국 노비로 태어난 운명을 바꾸고 싶어 했던 만적의 꿈은 물거품이 되고 말았지. 태어날 때부터 정해진 신분에 따라 사는 것을 당연한 일로 알았던 그때, 만적이 신분 해방을 목표로 삼았다는 것은 매우 중요한 일이야. 비록 실패하더라도 더 나은 세상을 만들려는 사람들의 노력은 역사를 발전시키는 원동력이기도 하거든.

로마에서 일어난 스파르타쿠스의 난, '인간답게 살고 싶다!'

고려 무신 정권 시대에 신분 해방을 부르짖은 노비 만적처럼, 로마에서도 자유를 외치는 노예가 있었단다. 바로 스파르타쿠스야. 스파르타쿠스는 로마의 검투사 노예였는데, 인간답게 살고 싶다며 반란을 일으켰어.

"우리는 인간으로 살기 위해 일어섰다! 테베레 강물이 로마를 붉은 피로 물들일 때까지 싸우겠다."

많은 노예들이 스파르타쿠스를 따랐는데, 가장 많을 때는 9만 명에 이르렀다고 해. 로마군은 잘 훈련된 검투사 출신 노예들에게 참패를 거듭했어. '노예쯤이야.' 하는 안이한 생각으로 맞섰다가 3년이 지난 후에야 겨우 진압할 수 있었다고 해. 로마군은 노예들이 다시는 반란을 일으키지 못하도록 6,000여 명을 십자가에 못 박아 죽였어.

만적의 봉기도, 스파르타쿠스의 반란도 모두 실패하고 말았지만, 노비나 노예도 인간이라는 중요한 메시지를 남겼어.

고려 소년의 일기

엄마, 아빠, 울지 마세요!

1165년 5월 8일 날씨 맑음

우리 아빠는 농민이다. 아빠는 농사를 지어 얻은 농산물의 10분의 1을 꼬박꼬박 나라에 바쳐야 하고, 우리 지방의 특산물을 구해서 또 나라에 바쳐야 한다. 그리고 나라에 무슨 일이 있으면 수시로 불려 나가서 갖가지 일을 하고, 공사장에서 건물을 짓는 일도 한다. 물론 아무런 대가도 없고, 연장도 아빠가 마련해서 가져가야 한다. 심지어 공사하는 동안 나라에서는 끼니도 주지 않아 점심을 스스로 해결해야 한다.

그동안 임금님은 경치가 좋은 곳을 발견하기만 하면 정자나 궁궐을 지었다. 그렇게 해서 지은 정자나 궁궐이 30개가 넘는다고 한다. 요즘에 아빠는 중미정이라는 정자를 짓는 공사 현장에 나가서 일한다. 집에 먹을 것이 다 떨어져서 아빠는 점심 도시락을 가져가지 못한다. 아빠의 사정을 딱하게 여긴 다른 아저씨들이 고맙게도 밥을 한 숟갈씩 덜어 주어 아빠는 그걸로 요기를 하고 있다.

오늘 낮에 부엌에서 맛있는 냄새가 솔솔 풍겼다. 머리에 수건을 두른 엄마가 어디에서 났는지 쌀밥과 나물, 고기를 요리해서 푸짐하게 도시락을 쌌다.

나는 궁금하기도 하고 혹시 도시락을 조금 나눠 먹을 수 있을까 싶어 공사장으로 가는 엄마의 뒤를 몰래 쫓아갔다.
아빠는 엄마가 도시락을 풀어 놓자 눈이 휘둥그레져서 물었다.
"이게 웬 거요? 우리 형편에 어떻게 이 음식을 장만했소?"
"친한 분들과 나눠 드세요."
엄마의 말에 아빠는 얼굴이 벌개져서 캐물었다.
"혹시 어디서 훔쳐 왔소?"
"제 성격을 몰라서 그런 말씀을 하시나요? 사실은 머리카락을 잘라 팔아서 마련해 왔어요."
엄마는 눈물을 글썽이며 머리에 쓰고 있는 수건을 벗었다. 짧아진 머리카락을 보는 순간, 아빠는 고개를 숙였다. 엄마, 아빠는 함께 울었고, 그 모습을 본 다른 일꾼 아저씨들도 모두 눈물을 흘렸다. 공사장은 눈물바다가 됐다.
나도 눈물을 흘리며 속으로 다짐했다.
"엄마, 아빠, 울지 마세요! 제가 꼭 모든 사람들이 배불리 먹으며 살기 좋은 세상을 만들 거예요."

698년
발해가 세워지다

936년
고려가 후삼국을 통일하다

958년
광종, 과거 제도를 실시하다

968년
처음으로 국사와 왕사를 임명하다

1019년
강감찬이 거란군을
귀주에서 격파하다
-귀주 대첩

1135년
묘청의 서경 천도 운동

1170년
무신들이 권력을 잡다

몽골의 침략에 맞선 고려

8

무신 정권이 어느 정도 안정될 무렵, 고려에 큰 위기가 닥쳤어.
동아시아 최강을 넘어 세계 최강으로 떠오른 몽골이 침략해 온 거야.
몽골은 1231년부터 1259년까지 약 30년 동안 일곱 차례나 고려를 침략해 왔어.
고려의 운명은 어떻게 되었을까? 고려는 이 엄청난 시련을 어떻게 헤쳐 나갔을까?

**1232년
고려, 강화도로 천도하다
몽골의 2차 침입**

1351년
공민왕이 왕위에 오르다

1364년
문익점, 중국에서
목화씨를 들여오다

몽골이 쳐들어오다

고려가 몽골과 처음 만난 것은 1218년이었어. 몽골군에 쫓긴 거란이 압록강을 넘어 고려 영토로 도망쳐 오자, 고려는 몽골과 연합해 거란을 물리쳤어. 이때 몽골이 고려에 형제 관계를 맺자고 했어.

"우리 몽골과 고려가 형제 나라가 되는 것이 어떻겠소?"

고려는 몽골의 제안을 받아들이기로 했어.

그런데 얼마 지나지 않아 몽골은 고려에 사신을 보내어 공물을 요구해 왔어.

"우리가 고려에 침입한 거란을 물리쳐 주었으니, 고려는 마땅히 그 은혜를 갚아야 할 것이오."

거란을 무찌르자고 공동 작전을 제안한 쪽은 몽골이었으니, 고려로서는 기가 막힐 노릇이었어. 내키지는 않았지만 몽골의 힘이 커지고 있던 때여서 몽골 사신에게 선물을 한 짐 가득 지워 보냈지.

몇 년 뒤, 고려에 왔다 돌아가던 몽골 사신이 압록강 부근에서 누군가에게 살해당하는 사건이 일어났어.

고려가 자신들이 한 일이 아니라고 아무리 이야기해도 몽골은 믿지 않았어.

"감히 대몽골 황제의 사신을 죽이다니, 반드시 대가를 치르게 될 거다! 각오해라!"

1231년, 드디어 몽골이 사신을 죽인 책임을 묻겠다는 구실로 고려를 침략해 왔어. 몽골과의 기나긴 전쟁이 시작된 거야.

몽골군은 국경선을 넘어 순식간에 개경을 포위했어. 고려는 삽시간에

말을 타고 날쌔게 달리며 활을 쏘는 몽골 기마병

강화외성 1232년 몽골의 2차 침입에 대비하여 쌓기 시작했어.

혼란에 빠졌어. 당시 무신 정권의 최고 실력자인 최우는 몽골을 당해 내지 못할 것이라고 판단해 몽골에게 휴전을 제의했어.

하지만 몽골은 고려에게 가혹한 조건을 요구해 왔어.

"몽골을 섬기고 공물을 바쳐라! 몽골의 감시관을 두어 고려를 감시할 테니 딴 생각은 하지 않는 게 좋을 거야."

몽골은 점점 더 많은 공물을 요구했고, 심지어 고려의 처녀까지 바치라고 했지. 몽골의 무리한 요구가 점점 심해지자, 최우는 대신들을 모아 놓고 수도를 강화도로 옮겨 몽골과 맞서 싸우겠다고 했어.

"이대로 몽골에 무릎을 꿇을 수는 없다. 몽골군은 초원 지대에서만 살아서 물에 약한 약점을 갖고 있다. 바다 건너 강화도로 수도를 옮겨 몽골과 맞서 싸우겠다."

최우가 강화도로 수도를 옮기려는 것은 물에 약한 몽골군의 약점을 이용한 전술로 볼 수도 있지만, 그보다는 자신의 권력을 유지하려는 데 목적이 있었어. 강화도는 밀물과 썰물의 차이가 크고 물살이 거센 곳이어서 자신의 권력을 안전하게 지키기에 아주 훌륭한 피난처였지. 게다가 강화도는 뱃길로 육지와 쉽게 연결되므로 전국 곳곳의 세금을 거두기에도 유리했어.

최우는 왕과 모든 관리를 이끌고 몽골이 다시 쳐들어오기 전에 서둘러 강화도로 수도를 옮겼어.

강화도로 옮긴 무신 정권

강화도로 떠날 때, 최우는 백성들을 보호할 아무런 대책도 세워 놓지 않았어. 그가 남긴 말은 단 한 마디.

"성이나 섬으로 가서 알아서 목숨을 지키라!"

하지만 자기 재산을 챙기는 데에는 아주 열심이었지. 100여 개의 수레에 온갖 재물을 실어 날랐으니 말이야.

고려가 수도를 강화도로 옮긴 것을 안 몽골이 다시 고려를 침략했어.

"당장 강화도에서 나와 개경으로 돌아와라!"

최우는 꼼짝도 하지 않았어. 강화도에서 몽골과의 전쟁에는 관심을 두지 않고 자신의 권력과 호사스러운 생활을 누리기에 여념이 없었지.

최우는 왕과 귀족들을 불러 날마다 잔치를 벌여 흥청망청 먹고 마시며

처인성 전투 기록화 몽골이 쳐들어왔을 때 백성들은 목숨을 지키기 위해 싸워야만 했어.

놀기나 했어. 몽골의 말발굽에 나라가 온통 쑥대밭이 되었는데도 백성들에게 세금은 꼬박꼬박 거두어 들였어. 무신 정권에 대한 백성들의 원망이 하늘을 찔렀지.

"날마다 최우 집에서 풍악 소리가 울려 퍼지네. 기생과 광대에게도 비단을 주면서 우리가 낸 세금을 물 쓰듯이 써 버리고 있지 않은가!"

"이제는 몽골군보다 세금을 뜯으러 오는 강화도 관리가 더 무섭다네."

백성들이 몽골군의 말발굽에 짓밟히고 있는데도 최우는 아랑곳하지 않았어.

고려의 백성들, 몽골에 맞서 싸우다

고려 왕실과 지배층이 강화도로 피신을 가 있는 동안, 몽골에 맞서 싸운 이들은 농민과 천민들을 비롯한 백성들이었어.

몽골이 두 번째로 쳐들어왔을 때였어. 총사령관 살리타가 이끄는 몽골군이 남쪽으로 진격하는 도중 처인성(지금의 경기도 용인)을 공격했어. 처인성에서 백성들을 이끈 인물은 승려 김윤후였어. 그는 백성들의 맨 앞에서 싸움을 지휘했어.

"몽골군이 아무리 강하다 해도 우리가 힘을 모으면 무찌를 수 있다. 모두 죽기를 각오하고 성을 지켜 내자!"

 드디어 살리타의 공격 명령이 떨어졌어.

"성을 공격하라! 닥치는 대로 베어 버리고 한 놈도 살려 두지 마라!"

 처인성 백성들이 온 힘을 다해 몽골의 공격에 맞서 싸울 때, 김윤후가 쏜 화살이 바람을 가르며 살리타를 향해 날아갔어. 명중이었어! 살리타는 바로 거꾸러져 죽고 말았지.

 처인성의 백성들은 환호를 질렀어.

"적군의 총사령관이 죽었다. 우리가 드디어 해냈어!"

 총사령관을 잃은 몽골군은 곧 철수했어. 지휘관이 죽으면 전쟁을 중단하는 것이 몽골의 관습이었거든. 이렇게 해서 몽골의 2차 침입이 끝났어.

 김윤후는 처인성 전투에서 공을 인정받아 충주성을 지키게 됐어. 몽골군의 5차 침입 때 충주성에서 벌어진 전투에서도 그의 활약은 눈부셨어. 김윤후는 싸움에 앞서 이곳 노비들을 불러 놓고 약속했어.

"힘을 다해 잘 싸우면 신분의 높고 낮음에 상관없이

모두 관직을 줄 것이다. 이제 노비는 없다. 몽골에 맞서 싸우는 고려 백성만 있을 뿐이다."

김윤후는 노비들이 보는 앞에서 노비 문서를 불태워 버렸지. 노비들은 목숨을 걸고 70일 넘게 몽골군의 공격을 막아내 마침내 성을 지켜 냈어.

이렇게 백성들은 몽골에 맞선 항쟁의 중심으로 우뚝 섰어. 백성들은 죽음을 무릅쓰고 몽골군에 맞서 정부와 군대가 못한 일을 해냈지.

고려, 몽골과 평화 조약을 맺다

전쟁이 길어지면서 피해가 갈수록 심해졌어. 몽골군은 전 국토를 짓밟고 다니며 닥치는 대로 부수고 불태웠어. 대장경과 신라의 황룡사 탑 같은 귀중한 문화재가 불타 버린 것도 이때였어.

백성들의 고통은 이루 말할 수가 없었지. 몽골군은 백성들을 마구 죽이고 끌고 가서 노예로 삼았어. 가장 피해가 컸던 6차 침입 때는 몽골에 끌려간 사람이 20만 명이 넘었고, 목숨을 잃은 사람은 셀 수 없을 정도였어.

고려의 끈질긴 저항에 몽골도 지칠 대로 지쳐 있었어.

삼별초의 이동

세계의 많은 나라를 정복했지만 고려처럼 완강하게 저항한 나라는 없었거든.

몽골은 고려에 화해를 제안해 왔어. 그런데 조건이 있었지.

"왕이 직접 몽골에 와서 신하의 인사를 하고, 강화도에서 나와 개경으로 다시 돌아오라."

고려 조정에서는 몽골과 계속 싸울 것이냐 화해할 것이냐를 놓고 의견이 맞섰어. 몽골과 화해하고 전쟁을 끝내자는 왕과 대신들이 몽골에 맞서 계속 싸우자는 주장을 누르면서, 1259년 고려는 몽골과 평화 조약을 맺었어.

강화도로 수도를 옮긴 지 38년 만인 1270년 왕은 개경으로 돌아왔지. 그러나 몽골에 대한 저항이 완전히 끝난 것은 아니었어. 개경으로 돌아가지 않겠다고 맞선 세력이 있었거든. 바로 삼별초야.

왕은 삼별초에게 해산 명령을 내렸어.

"이제 몽골과의 전쟁은 끝났다. 무신 정권도 무너졌으니 삼별초는 즉시 해산하고 왕에게 충성하는 군인으로 개경으로 돌아오도록 하라."

하지만 삼별초는 왕의 명령을 거부하고 몽골에

삼별초
삼별초는 원래 지금의 경찰처럼 도적을 잡겠다고 최우가 만든 무신 정권의 군대였어. 처음에 야별초라는 이름으로 만들어졌는데 그 군사가 많아지자 좌별초와 우별초로 나누었고, 나중에 몽골의 포로였다가 탈출한 병사들로 신의군을 만들었어. 이 세 군대를 합쳐 삼별초라고 불렀어.

맞서 싸우겠다며 반란을 일으켰어.

"오랑캐에게 항복하고 머리를 조아리는 것은 굴욕이다. 개경으로 돌아가지 않고 몽골에 맞서 끝까지 싸우겠다. 몽골에 항복한 왕은 왕으로서 인정할 수 없다. 진도로 내려가 새 왕을 세우고 새로운 나라를 만들자."

삼별초는 1,000여 척의 배에 무기와 사람들을 싣고 진도로 내려갔어. 곧 경상도와 전라도, 제주도의 여러 고을을 장악하며 세력이 커졌어.

하지만 고려와 몽골 연합군이 대대적인 공격에 나서자 삼별초는 힘없이 무너지고 말았어. 남은 군사들이 제주도까지 내려가 싸움을 계속했지만 오래 버티지 못했어. 제주도가 함락되면서 삼별초의 저항은 3년 만에 끝이 났어. 이제 고려는 몽골의 간섭을 받는 시기로 접어들게 됐어.

고려를 괴롭힌 세계 최강의 몽골 기병

몽골이 세계를 정복할 수 있었던 비결은 몽골 기병의 말과 활에 있었어. 몽골 아이들은 걷기도 전에 말 타기를 배웠어. 그러니 말을 잘 탈 수밖에 없었지. 몽골에서는 말을 얼마나 잘 타느냐는 것이 사람됨을 평가하는 기준이 되었다고 해.

몽골 기병은 서양 기병처럼 무거운 갑옷이 아닌 가벼운 차림으로 무장을 해서 민첩하게 전투를 할 수 있었어. 속옷으로는 몸에 꼭 맞는 비단 셔츠를 입었는데 그것이 어느 정도 갑옷 역할을 했어. 당시 화살이 비단을 완전히 뚫는 일은 드물었거든.

몽골 기병의 주요 무기는 활이었어. 언제나 작고 가벼운 활과 크고 무거운 활 두 종류를 가지고 다니면서 거리에 따라 골라 사용했어. 빠르게 말을 달리며 신속하게 공격할 때는 가벼운 활을 이용했고, 멀리 있는 목표물을 쏠 때는 큰 활을 이용했지.

가벼운 무장을 갖추고 한 손으로 말을 몰면서 다른 한 손에 가볍고 강력한 두 개의 활을 능숙하게 다루는 몽골 기병을 당해 낼 군대는 없었어.

답사 여행　경상남도 합천 해인사

팔만대장경을 보러 가자!

오늘은 팔만대장경을 보러 경상남도 합천에 있는 해인사로 떠나자!

팔만대장경은 1236년 몽골이 쳐들어왔을 때 만들기 시작해 1251년에 완성되었어. 부처님의 힘으로 몽골의 침입을 물리치기 위해 만들어졌지. 일찍이 거란 침입 때 만든 첫 대장경이 몽골의 침략으로 불타 버렸기 때문에 다시 만들게 된 거야.

고려 사람들은 팔만대장경을 만드는 데 온갖 정성을 기울였어. 팔만대장경의 목판 재료로는 주로 산벚나무를 썼어. 나무는 뒤틀리거나 좀이 스는 것을 막기 위해 몇 년에 걸쳐 끓는 소금물에 담갔다가 그늘에 말리기를 여러 차례 반복했지. 또 목판이 뒤틀리지 않도록 양쪽에 나무 기둥을 끼고 네 모서리에 구리판을 둘렀고, 표면은 얇게 옻칠을 입혀 벌레가 먹지 않도록 했어.

이렇게 해서 만든 목판이 8만 1천 2백 58장. 앞뒤로 새겼으니 무려 16만 3천 쪽의 분량이며, 여기에 새겨진 글자 수가 자그마치 5천 3백만에 이른단다. 이 많은 글자를 새기는 데 수백 명이 동원되었는데도 틀린 글자가 없고, 마치 한 사람이 새긴 듯이 글씨체가 고르고 아름다워 감탄을 자아낼 정도야. 팔만대장경을 만들면서 많은 학자와 승려들이 경전들의 내용을 일일이 비교해 가며 잘못된 곳을 바로잡았기 때문에 내용이 아주 정확하단다.

해인사 장경판전에 보관된 팔만대장경판

팔만대장경은 경상남도 남해에서 제작된 뒤, 강화도의 대장경판당에 보관되었어. 1318년에 강화도의 선원사로 옮겨졌다가 1398년에 해인사로 옮겨졌어. 대장경을 옮길 때 왕이 직접 감독하기도 했대.

팔만대장경은 세계적으로 전해지는 20여 종의 대장경 가운데 가장 오래된 것일 뿐 아니라, 아름다운 글씨체와 정교한 목판 제작 과정 때문에 가장 으뜸으로 꼽혀. 팔만대장경은 우리나라 국보 제32호로 정해졌고, 2007년에는 세계 최대 규모의 목판 유물로서 그 문화적 가치와 중요성을 인정받아 유네스코 세계 기록 유산으로 지정되었어.

세계 유일의 대장경판 보관용 건물인 장경판전은 1995년에 유네스코 세계 문화유산으로 지정되었단다.

가야산에 자리 잡은 해인사는 802년에 지어졌어. 거친 산세 덕분에 숱한 전쟁 속에서도 큰 피해를 입지 않았어.

통풍용 창이 눈에 띄는 장경판전은 팔만대장경판을 보관할 목적으로 지은 건물이야.

698년
발해가 세워지다

936년
고려가 후삼국을 통일하다

958년
광종, 과거 제도를 실시하다

968년
처음으로 국사와 왕사를 임명하다

1019년
강감찬이 거란군을 귀주에서 격파하다
-귀주 대첩

1135년
묘청의 서경 천도 운동

1170년
무신들이 권력을 잡다

⑨ 원나라의 간섭과 공민왕의 개혁

전쟁이 끝난 후, 고려는 약 80년 동안 몽골이 세운 원나라의 간섭을 받게 되었어.
원나라가 시시콜콜 간섭하면서 고려의 자주성은 큰 손상을 입었어.
원나라의 간섭으로부터 벗어나려는 시도가 있었지만, 쉽지만은 않았어.
원나라의 간섭을 받는 동안 고려에는 어떤 변화가 일어났을까?

1232년
고려, 강화도로 천도하다
몽골의 2차 침입

**1351년
공민왕이 왕위에 오르다**

1364년
문익점, 중국에서
목화씨를 들여오다

고려, 몽골의 간섭에 시달리다

고려는 세계 최강이었던 몽골군의 침략을 당하고도 나라 이름과 주권은 지켰어. 몽골군의 침략을 받고 버텨 낸 나라가 없었지만, 고려는 살아남았지. 이는 백성들이 목숨을 걸고 끈질기게 저항한 결과였어.

하지만 원나라의 간섭에서 벗어날 수는 없었어. 고려 왕도 원나라의 뜻에 철저히 따라야 했어. 자신의 뜻과 관계없이 원나라가 원하는 일도 해야만 하는 처지가 되었지.

"고려의 임금이 될 왕자는 어릴 때부터 원나라에서 머물다가 원나라의 공주와 결혼해야 한다."

이렇게 해서 고려는 원나라의 사위 나라가 되었어. 이에 따라 왕실의 호칭과 격을 원나라보다 한 단계 낮추어야 했어. 폐하는 전하로 바뀌었고, 태자는 세자로 낮춰 불렀지. 왕들이 자신을 가리킬 때도 '짐'이라고 부르지 못하고 한 단계 낮은 '과인'이라고 불러야 했어.

그리고 고려 왕은 원나라에 충성한다는 뜻으로 이름 앞에 반드시 '충'자를 붙여야만 했어. 충렬왕부터 충선왕, 충숙왕, 충혜왕, 충목왕, 충정왕까지 6명의 왕의 이름이 그렇게 생겨난 거야.

원나라는 마음대로 고려 왕을 쫓아내거나 다른 왕으로 바꾸기도 했어. 고려 왕은 꼼짝달싹하지 못하고 원나라의 눈치를 볼 수밖에 없었지.

게다가 원나라는 고려 영토의 일부 지역을 빼앗아 직접 다스리기까지 했어. 철령 이북과 자비령 이북의 고려 영토를 빼앗고, 제주도는 군사용 말을 기르는 목마장으로 삼았어.

또, 원나라는 왜, 즉 일본을 정벌하는 데에도 고려를 동원했어.

"왜를 정벌할 것이니, 고려는 정벌에 필요한 배도 만들고 병사와 무기, 식량을 준비하라."

철령
북한 강원도 고산군과 회양군 사이의 고개를 말해.

자비령
황해도 연탄군과 봉산군 사이에 있는 고개를 가리켜.

고려·몽골 연합군의 일본 원정을 기록한 〈몽고습래회사〉의 일부

고려로서는 여간 부담스러운 일이 아니었지.

"지금 고려의 사정이 말이 아닙니다. 오랜 전쟁으로 나라 살림이 거의 파탄이 날 지경이고, 백성들은 먹고살기도 힘든 상황입니다."

고려는 원나라의 무리한 요구를 막아 보려고 애를 썼지만, 원나라는 들은 척도 하지 않았어. 결국 원나라가 고려와 연합해서 왜를 정벌하러 나섰지만 태풍 때문에 실패로 끝나고 말았어. 억울하게 고려 병사들만 희생되고 말았지.

원나라가 요구한 것은 군사와 영토뿐만이 아니었어. 금이나 은, 삼베와 모시, 인삼과 종이를 비롯해 사냥을 위한 매까지 요구했어.

"고려의 매가 아주 그만이지. 매 사냥을 좋아하는 원나라 황제와 귀족들을 위해 매를 잡아 바쳐라."

이처럼 원나라가 요구하는 온갖 것들을 바치느라 백성들의 고생이 이만저만이 아

칭기즈 칸의 손자로 원나라를 세운 쿠빌라이가 사냥하는 모습

니었어.

"이거 원…… 전쟁도 끝나고 이제 좀 괜찮아지려나 싶었는데, 원나라 등쌀에 허리가 휠 정도야."

심지어 원나라는 고려 처녀까지 바치라고 요구했어. 원나라의 요구에 따라 바친 처녀를 공녀라고 해. 곳곳에서 원나라에 딸을 바쳐야 했던 부모들의 애달픈 울음소리가 끊이지 않았어.

"원나라에 딸까지 바쳐야 하니 이렇게 서럽고 원통할 수가 있나!"

고려의 시름이 깊어 갔지만 고려 사람들 모두가 불행해진 것은 아니었어. 원나라에 굽실거리고 앞잡이 노릇을 해서 출세한 고려 사람들도 많았어. 이런 사람들을 부원 세력이라고 해. 부원 세력이란 '원에 기댄 세력'이라는 뜻이야.

부원 세력은 고려 조정을 손아귀에 넣고 마음대로 주물렀어. 왕 앞에서도 안하무인이었어. 자신의 권세를 이용해 농민의 땅을 강제로 빼앗고 가난한 이들을 노비로 삼는 등 온갖 부정부패도 저질렀지.

부원 세력은 자신들의 이익을 위해서라면 뭐든지 할 사람들이었어. 심지어 고려를 직접 다스려 달라고 원나라에 청하기까지 했어.

"원나라 사람으로 살 수 있게 고려를 아주 없애고 원나라의 한 지방이 되게 해 주시오."

원나라의 입장에서도 부원 세력이 여러모로 필요했어. 부원 세력이 많아야 원나라에 유리한 정책을 고려에 강요할 수 있었으니까 말이야.

고려 후기 왕들에게 가장 중요한 문제는 원나라에 빌붙은 부원 세력을 몰아내는 거였어. 그래야 원나라의 간섭에서 벗어날 수 있을 테니까.

고려와 원나라가 문화를 주고받다

고려가 원나라의 간섭을 받는 동안, 두 나라 사이를 오가는 사람들이 많아지면서 자연스럽게 두 나라의 풍습도 전해졌어.

고려 사람들이 많이 건너가면서 원나라에서 고려의 옷과 음식, 물건들이 널리 유행했어. 이렇게 원나라에 전해진 고려의 풍습을 '고려양'이라고 해. 지금도 몽골에는 그 풍습이 남아 '고려 만두', '고려병' 등의 말이 쓰이고 있어.

반대로 고려에서도 원나라의 문화가 널리 퍼졌어. 고려에 유행한 원나라의 문화를 '몽골풍'이라 했어.

몽골 사람들의 옷과 변발 풍습이 널리 퍼지기도 했어. 변발은 정수리부터 이마까지 머리를 깎은 다음, 뒷머리를 땋은 머리 모양이야.

또 시집갈 때 신부의 얼굴에 찍는 연지와 곤지뿐 아니라 족두리나 두루마기 등도 원나라의 영향을 받은 새로운 패션이었어. 어른들이 마시는 술인 소주도 몽골에서 건너온 거야.

고려의 말에도 몽골어의 영향이 나타났어. 왕과 왕비에 붙이는 '마마', 세자와 세자빈을 가리키는 '마누라', 임금의 음식인 '수라' 등은 원나라 궁중에서 쓰던 말이었어. '벼슬아치'나 '장사치'처럼 특정 직업의 사람을 가리키는 '치'라는 단어도 몽골어에서 비롯되었어.

공민왕, 개혁의 깃발을 들다

1351년 고려 제31대 왕 공민왕이 원나라 공주와 결혼해 고려로 돌아왔어. 12세에 고려를 떠난 지 10년 만이었지. 공민왕은 원나라에서 자라나

고려를 무너뜨리고 조선을 세운 이성계가 공민왕을 위해 종묘에 세운 신당이야. 이성계는 공민왕 밑에서 고려의 장군으로 함께 원나라 세력에 맞서기도 했어.

원나라 황제의 사위가 되었지만, 자신이 고려 왕인 걸 잊지 않았어.

공민왕은 고려로 돌아오면서 다짐을 했어.

"이렇게 원나라에 끌려 다녀서야 어찌 한 나라의 왕이라 할 수 있겠는가! 원나라의 힘이 약해지고 있으니 지금이 원나라의 그늘에서 벗어날 수 있는 좋은 기회야. 원나라의 간섭을 몰아내고 고려를 자주적인 나라로 만들어야 해."

공민왕은 즉위하자마자 변발을 없애고 몽골식 옷을 벗어 버렸어. 그리고는 자신이 직접 나랏일을 이끌겠다고 선포했어.

"더 이상 원나라의 꼭두각시 노릇은 하지 않을 테다. 내가 모든 나랏일을 직접 맡아서 돌볼 것이니, 나라 안에서 일어나는 모든 일을 내게 보고하라."

왕의 힘을 키워 원나라의 그늘에서 벗어나겠다는 공민왕의 의지를 알리는 신호탄이었지.

공민왕은 부원 세력을 몰아내기 시작했어.

"우선 원나라에 빌붙은 세력부터 쫓아낼 것이다. 이들을 쫓아내지 않고서는 나라를 바로잡을 수 없다."

이때 제거된 사람들 가운데 고려 여인으로 원나라에 끌려갔다가 원나라의 제2황후가 된 기황후의 오빠 기철도 있었어. 기철은 기황후의 힘을 믿고 부원 세력의 우두머리 행세를 하며 온갖 횡포를 부리던 인물이었지.

그리고 공민왕은 원나라의 간섭으로 바뀌었던 정치 제도와 왕실의 명칭도 원래대로 돌려놓았고, 군대를 동원해서 원나라에 빼앗긴 영토도 되찾았어.

공민왕은 여기에서 멈추지 않았어. 부원 세력은 일부 제거했지만, 고려 조정에는 아직도 오랜 세월 원나라 편을 들며 권세를 누린 귀족들이 많이 남아 있었거든. 공민왕은 더 강력하게 개혁을 밀어붙일 인물이 필요했어. 그래서 뽑은 인물이 승려 신돈이었어.

우직하고 소신이 있는 승려인 신돈은 어머니가 절의 노비 출신이라 신분이 낮았고 사정을 봐줘야 할 친척도 없었어. 공민왕의 개혁을 소신껏 추진하기에 아주 적당한 인물이었지. 공민왕은 신돈에게 개혁의 총지휘권을 넘겨줬어.

신돈은 땅을 많이 갖고 있는 사람들을 일일이 조사해서 억울하게 땅을 빼앗긴 백성들에게는 땅을 돌려주고, 힘 있는 자들의 등쌀에 못 이겨 억울하게 노비가 된 사람들을 원래의 신분인 평민으로 되돌려 주었어.

개성에 있는 공민왕과 노국대장공주의 능. 공민왕이 직접 설계했다고 해.

노비 신세에서 풀려나고 땅까지 되찾은 백성들은 크게 기뻐하며 신돈을 우러러보았지.

"성인이 나타났다! 부처님이 보내신 보살님이 틀림없을 거야."

하지만 원나라 편을 들며 권세를 누려 온 귀족들은 크게 반발했지.

"신분도 알 수 없는 요사스러운 중놈이 이상한 제도를 들고 나와 감히 우리 땅과 노비를 빼앗다니! 그대로 둬선 안 되겠어."

> **성균관**
> 성종 때 만든 국립 교육기관인 국자감이 성균관으로 이름이 바뀌었어.

하지만 신돈은 아랑곳하지 않고 개혁을 밀어붙였어. 성균관을 다시 세우고 교육에 힘썼어. 또 과거 제도를 통해 성리학을 공부한 선비들을 뽑아 개혁을 뒷받침할 정치 세력으로 키워 나갔어.

그런데 신돈의 힘이 커지자, 권세를 누려 온 귀족들이 공민왕과 신돈 사이를 이간질하기 시작했어. 신돈이 왕이 될 욕심을 품고 있다는 소문을 내기 시작한 거야. 신돈을 감싸던 공민왕도 불안해지기 시작했어. 결국 신돈은 반역 음모를 꾀했다는 모함을 받고 처형당하고 말았어.

신돈이 죽은 후 공민왕은 더 이상 개혁을 추진하지 못했어. 신돈이 죽고 얼마 안 돼 공민왕마저 의문의 죽음을 당하고 말았거든. 안타깝게도 고려를 되살릴 마지막 개혁도 공민왕의 죽음과 함께 끝나고 말았어. 고려는 빠르게 기울어져 갔어.

원나라를 다녀간 마르코 폴로의 동방견문록

이탈리아 베네치아에서 무역상의 아들로 태어난 마르코 폴로는 13세기에 아버지를 따라 중앙아시아를 거쳐 중국까지 여행을 가게 됐어. 그가 원나라에서 17년 동안 관리로 일하며 중국의 여러 지방과 아시아 곳곳을 다녀온 경험담을 담은 책이 《동방견문록》이야.

《동방견문록》은 동방에 대한 신기하고 호기심을 자극하는 많은 이야기가 담겨 있어 유럽에서 베스트셀러가 되었어. 하지만 마르코 폴로가 중국 여행에서 직접 경험한 것을 쓴 것이 아니라, 다른 여행자들의 말을 듣고 기록한 것이라는 소문이 계속 떠돌았어. 《동방견문록》에는 만리장성이나 한자 등에 대한 얘기가 전혀 없었거든.

하지만 마르코 폴로는 세상을 떠나기 전에 이 책이 모두 거짓말이냐고 묻는 친구들에게 이렇게 대답했어.

"모두 거짓말이라고? 내가 본 것 중 절반도 쓰지 못했다네."

이달의 필독서

고려인들의 민족의식을 일깨운 일연의 《삼국유사》

《삼국유사》는 1281년 고려의 승려 일연이 지은 역사책이야. 김부식이 쓴 《삼국사기》와 더불어 현재 우리나라에 전해 오는 가장 오래된 역사책이지.

나라에서 공식적으로 만든 역사책인 《삼국사기》와는 달리, 《삼국유사》는 일연이 개인적으로 쓴 책이야. '유사'란 이전의 역사책에 기록이 빠져 있거나 자세히 드러나지 않은 이야기란 뜻이야. 책의 이름에서 알 수 있듯이 《삼국유사》에는 《삼국사기》에 없는 내용이 많이 실려 있어. 불교에 관련된 이야기나 일반 백성들의 이야기뿐 아니라, 고조선부터 부여, 삼한 등 삼국 이전의 여러 나라에 대해 두루 기록했어. 또 삼국 시대를 다룰 때에도 고구려, 백제, 신라만 다룬 것이 아니라, 가야에 대해서까지 상세한 기록을 남겼어. 특히 《삼국유사》는 현재까지 전해지는 역사책 중에서 단군 이야기를 가장 먼저 기록하고 있어서 아주 중요한 가치를 지닌단다.

일연은 젊었을 때 몽골의 침략을 직접 경험했어. 그리고 전국 각지의 절을 다니며 몽골의 침략과 간섭으로 어려움을 겪는 고려의 현실을 지켜보았지. 이때 일연은 역사책을 써야겠다고 결심했어.
"몽골의 지배 아래에 고통을 당하

《삼국유사》는 우리 고대 문화의 많은 부분을 밝히는 데 큰 도움을 주는 책이야.

고 있는 백성들에게 용기를 주고 민족의식을 불러일으키는 역사 이야기를 써야겠다."

승려인 일연은 몽골의 지배에 대항할 수 있는 힘의 원천이 불교로부터 나온다는 강한 믿음을 가지고 있었어. 그래서 《삼국유사》에 불교와 관련된 신비롭고 놀라운 이야기들을 많이 실었지. 승려들이 초월적인 힘으로 악을 물리치는 이야기나 가난하고 평범한 백성들이 불교를 열심히 믿어 부처가 되어 하늘로 올라간 이야기 등을 다채롭게 기록했어. 불교를 통해 고려 백성들에게 고난을 극복할 용기와 희망을 심어 주고자 했던 것이지.

또 우리 민족의 기원인 고조선이 중국 역사의 시작인 요임금과 같은 때에 세워진 것으로 기록해 우리나라의 역사가 중국에 비해 뒤질 것이 없다는 자주 의식을 드러냈어. 그뿐만 아니라 우리 민족의 시조인 단군이 하늘의 자손임을 내세워 우리 민족의 자부심을 드높이고자 했어. 민족의 자주성과 민족혼을 바탕으로 민족 최대의 위기를 슬기롭게 이겨 내기를 바라는 마음에서였어.

《삼국유사》가 없었다면 삼국 시대 이전의 우리 역사를 제대로 이해할 수도 없고 반만 년의 민족 문화를 자랑할 수도 없었을 거야. 그래서 《삼국유사》는 우리 민족이 누구인가를 말해 주고 우리 조상의 생활과 문화를 알 수 있게 해 주는 아주 소중한 역사 자료라고 할 수 있단다.

698년
발해가 세워지다

936년
고려가 후삼국을 통일하다

958년
광종, 과거 제도를 실시하다

968년
처음으로 국사와 왕사를 임명하다

1019년
강감찬이 거란군을
귀주에서 격파하다
-귀주 대첩

1135년
묘청의 서경 천도 운동

1170년
무신들이 권력을 잡다

⑩ 고려의 문화와 과학 기술

고려는 나라 안팎으로 끊임없이 위기를 겪으면서도 세계적으로 손꼽히는 찬란한 문화와 과학 기술을 만들어 냈어. 고려가 남긴 문화유산 중에는 '최고'와 '최대', '최초'라는 단어가 붙는 게 많단다. 그게 어떤 것들인지 궁금하지? 세계적인 자랑거리인 고려의 빛나는 문화유산을 찾아 떠나 볼까?

1232년
고려, 강화도로 천도하다
몽골의 2차 침입

1351년
공민왕이 왕위에 오르다

1364년
문익점, 중국에서
목화씨를 들여오다

인쇄술의 발달과 금속 활자의 탄생

고려가 남긴 많은 문화유산 가운데 인쇄술의 발달을 빼놓을 수 없어. 우리나라는 옛날부터 학문을 소중히 여기고 불교 문화가 발달하면서 인쇄술이 상당한 수준에 이르렀어. 일찍이 통일 신라 때 목판 인쇄술을 발전시킨 이후 고려 시대에 세계 최초로 금속 활자를 발명하게 되었어.

목판 인쇄술은 책의 한 면, 한 면의 내용을 통째로 일일이 목판에 새겨서 종이에 찍어 내는 기술이야. 목판은 오래 두고 몇 번이고 같은 책을 되풀이하여 찍어 낼 수 있지만, 목판을 만들려면 시간과 노력이 많이 들었어. 게다가 책을 한 종류만 찍어 낼 수 있고 다른 책을 만들려면 다른 목판을 새로 새겨야 하는 번거로움이 있었지.

고려 사람들은 목판 인쇄의 문제점을 해결하기 위해 금속 활자를 고안해 냈어. 활자란 낱낱의 글자를 따로 조각하여 만들어 놓고 인쇄할 때 필요한 글자를 맞추어 찍어 낼 수 있게 한 거야. 새 책을 찍을 때마다 그때그때 필요한 활자를 골라 순서대로 조합해서 종이에 찍어 내면 되었지.

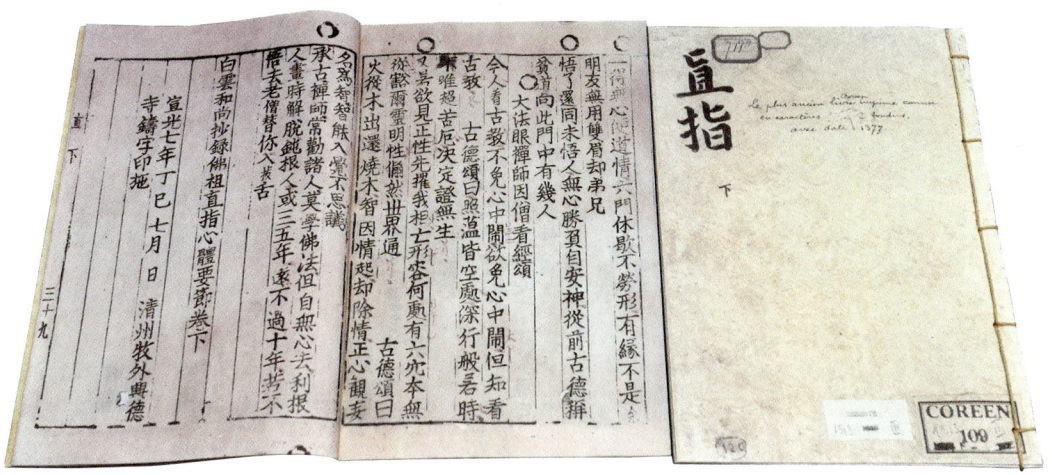

1377년 7월 청주 흥덕사에서 금속 활자로 찍어낸 《직지심체요절》. 프랑스 국립 도서관에 소장되어 있어.

금속 활자로 책을 찍어 내려면 종이와 먹, 그리고 활자를 만드는 기술이 뒷받침되어야 해. 고려는 비단처럼 부드러우면서도 질기고 오랜 세월이 지나도 색이 변하지 않는 질 좋은 종이와 우수한 먹, 그리고 오랜 전통과 경험으로 쌓은 금속 세공 및 청동 제조 기술을 모두 갖추고 있었지.

구텐베르크 1398~1468
독일의 활판 인쇄술을 발명한 사람이란다.

고려 사람들이 세계 최초로 금속 활자를 만들어 찍어 낸 책은 1234년에 간행된 《상정고금예문》이야. 유럽에서 처음 금속 활자를 발명한 구텐베르크보다 200여 년 앞선 것이지. 하지만 아쉽게도 이 책은 전해지지 않고 있어.

그 후 1377년에 간행된 《직지심체요절》이 오늘날 남아 있는 책 가운데 세계에서 가장 오래된 금속 활자본이란다. 2001년 유네스코 세계 기록 유산으로 올랐어.

❶ 글자 모양 새기기
조각칼로 글자를 새겨 금속 활자 틀을 만든다.

❷ 쇳물 붓기
활자 틀이 들어 있는 거푸집에 쇳물을 부어 금속 활자를 만든다.

❸ 판 짜기
인쇄할 책 내용에 따라 필요한 활자를 골라 판을 짠다.

❹ 종이에 찍어 내기
인쇄판에 먹을 바르고 종이에 찍어 낸다.

불과 흙으로 빚은 예술품, 고려청자

세계에 자랑할 만한 또 하나의 문화유산으로 고려청자를 들 수 있어. 고려청자는 일찍부터 그 명성을 세계적으로 떨쳤어.

청자는 말 그대로 푸른빛이 나는 도자기야. 청자를 만들려면 좋은 흙과 유약을 만드는 기술, 높은 온도에서 그릇을 구워 낼 수 있는 기술이 중요해. 그러니까 청자는 최첨단 기술이 뒷받침되어야 만들 수 있는 것이었지. 이런 기술을 갖춘 나라는 전 세계에서 우리나라와 중국 등 두세 나라 밖에 없었어. 청자를 만드는 기술은 중국에서 받아들였지만, 고려청자는 독창적인 푸른 빛깔을 냈어. 은은하고 신비한 고려청자의 빛깔은 당시 중국인들마저 감탄할 정도였어.

"고려청자는 천하제일이야. 다른 곳에서는 도저히 따라 할 수 없는 아름다움을 가졌어."

고려청자를 만드는 기술은 12세기 초에 전성기를 맞았어. 이때 만들어진 청자는 순청자라고 해서 아무 무늬가 없는 청자였어. 청자는 빛깔에서

청자 상감 구름 학 무늬 매병

청자 투각 칠보 무늬 향로

도 귀족적인 자태를 나타낼 뿐만 아니라, 만들기 힘든 귀한 것이었기 때문에 주로 왕실이나 귀족의 물품으로 쓰였어.

　12세기 후반 무렵, 고려 사람들은 순청자에서 한 걸음 더 나아가 고려만의 독창적인 청자를 만들어 냈어. 바로 상감 청자야. 상감이란 청동이나 조각품의 표면에 무늬를 파고, 그 속에 다른 재료를 집어넣는 기술이야. 고려 도공들은 세계에서 처음으로 이 기법을 과감하게 청자에 이용해서 어느 나라에도 없는 창조적인 청자를 만들어 낸 거야.

　고려 도공은 도자기 표면에 구름이나 학 같은 무늬를 새겨서 그 속에 흰색, 붉은색 흙을 밀어 넣고 다시 구워 내 아름다운 상감 청자를 만들어 냈지. '흙을 빚어 보석을 만든다'는 도공의 장인 정신을 발휘한 거야.

　고려의 상감 청자는 청자의 본고장인 송나라에서도 최고의 청자로 인정받았고, 원나라나 일본에서도 큰 인기를 끌었어.

문익점, 목화씨로 일으킨 무명옷의 혁명

문익점이 목화씨를 들여오면서 고려 사람들의 의복에 큰 변화가 생겼어. 귀족이나 부자는 비단옷을 입었지만, 일반 백성들은 추울 때나 더울 때나 삼베로 만든 옷을 입었어. 삼베는 바람이 잘 통해 여름에는 시원하지만 겨울에는 작은 구멍으로 찬바람이 들어와 아무리 겹쳐 입어도 추위에 떨어야 했어. 일반 백성들에게 겨울은 견디기 어려운 계절이었지.

원나라에 사신으로 갔던 문익점은 그곳에서 사람들이 입고 있는 따뜻한 옷감을 눈여겨보았어. 그리고 하얀 목화에서 나오는 솜으로 그 따뜻한 옷

목화 열매. 열매의 긴 솜털을 모아서 솜을 만들어.

을 지어 입는다는 사실을 알게 되었지. 문익점은 추운 겨울이면 고생하는 고려 백성들을 떠올렸어.

"목화씨만 있으면 겨울을 따뜻하게 지낼 수 있을 텐데……."

1364년 문익점은 고려로 돌아올 때 목화씨 한 움큼을 가져왔어. 그리고 고향으로 내려가 장인과 함께 목화씨를 재배하기 시작했지. 첫해에는 거의 실패하고 심은 씨앗 가운데 하나에서 겨우 꽃이 피었어. 목화는 따뜻한 지방에서 자라는 식물이기 때문에 우리나라 기후에 맞춰 재배하기란 쉽지 않았어. 실패를 거듭한 후에 3년 만에 여러 송이의 목화를 키우는 데 성공할 수 있었어.

얼마 뒤, 장인 집에 머물던 원나라 승려에게서 목화솜에서 실을 뽑는 기술과 물레 만드는 방법도 알아냈어. 드디어 목화솜을 타서 실을 만들고 이 실로 무명옷을 짜는 데 성공했어.

문익점은 이웃 사람들에게 목화 씨앗을 나눠 주며 기르는 방법과 함께 목화솜에서 실을 뽑는 법과 물레 만드는 법도 알려 주었어. 문익점의 노력 덕분에 머지않아 전국적으로 목화 재배가 이뤄졌고 무명이 널리 보급될 수 있었지.

무명은 겨울 추위를 이겨 내는 데 아주 좋은 옷감이야. 비단처럼 비싸지도 않고 보들보들하고 따뜻해 고려 사람들 모두 즐겨 입게 되었어.

"무명 덕분에 겨울을 따뜻하게 보낼 수 있게 됐어."

"목화솜을 넣은 옷과 솜이불이면 추운 겨울도 걱정 없지."

목화솜은 초나 화약의 심지로도 쓰였고, 튼튼한 무명실은 노끈이나 그물 등으로 일상생활에서 두루 사용되었어. 이후 목화는 쌀과 더불어 농가의 주요 작물이 되었어.

> **염초**
> 질산칼륨을 말해. 불붙는 시간이 짧아지도록 도와주고 화약을 계속 타오르게 하는 역할을 해.

화약을 만든 최무선

화약 무기를 이용해 해전의 역사를 새롭게 쓴 인물이 있어. 바로 최무선이야. 최무선은 일찍부터 화약 무기에 관심이 많았어. 그가 화약 무기를 만들고자 한 것은 왜구 때문이었어. 왜구는 일본에서 건너온 해적들인데, 우리나라 바닷가뿐 아니라 내륙까지 휘젓고 다니며 노략질을 해서 여간 골칫거리가 아니었지.

최무선은 왜구를 무찌르는 데 화약 무기가 유용할 거라고 생각했어.

"화약과 화약 무기를 만들 수 있다면, 왜구를 물리치고 백성들이 편안하게 살 수 있을 텐데……."

최무선은 20년 가까이 화약 연구에 매달렸어. 하지만 화약 만드는 법을 알아내기란 쉽지 않았어. 화약 만드는 법을 알고 있는 중국이 외국으로 새 나가지 않도록 철저히 비밀로 했거든.

화약은 유황, 숯, 염초로 만드는데, 가장 만들기 어려운 것이 염초였어. 최무

최무선이 만든 화차를 조선 시대에 개량한 신기전

선은 중국 사람들이 많이 드나드는 벽란도에 자주 가서 그들 중에 염초 만드는 방법을 아는 사람이 있는지 물어봤어. 그러던 어느 날 중국인 이원을 만나 끈질기게 설득해 드디어 염초 만드는 법을 배웠어.

최무선은 유황, 숯, 염초를 여러 비율로 섞어 가며 실험을 반복했어. 수많은 시행착오를 거듭한 끝에 드디어 화약을 만드는 데 성공했지.

최무선은 화약 실험에 성공하자마자 고려 조정에 건의했어.

"제가 알아낸 화약 만드는 법을 이용해 무기를 만들면 왜구를 소탕할 수 있습니다. 부디 화약과 화약 무기를 전문적으로 만드는 관청을 세워 주십시오."

최무선이 여러 차례 건의하자, 고려 조정은 1377년 화약과 화약 무기를 전문적으로 만드는 화통도감을 세웠어.

화통도감의 책임자가 된 최무선은 질 좋은 화약을 만들고 화약을 이용한 각종 신무기 개발에 온 힘을 쏟았어. 화약으로 탄환을 발사하는 화포, 화약을 이용해 로켓처럼 발사되는 화살인 주화도 만들었어. 이렇게 화통도감에서 만든 화약 무기는 모두 18종류나 돼. 당시 최고 수준의 화약 무기들이었지.

또 최무선은 무거운 화포를 싣고도 견딜 수 있는 튼튼한 군함도 만들었어. 배에 화포를 얹어 해전에 사용할 수 있는 군함을 만든 것은 최무선이 세계 최초였어.

얼마 뒤, 드디어 최무선의 화약 무기가 진가를

화통도감
1377년 최무선의 건의에 따라 설치된 임시 관청으로, 화약 및 화기 제조를 담당하는 곳이야. 이곳에서 만든 무기를 사용하는 '화통방사군'이라는 특수 부대가 만들어지기도 했어.

화포
화약의 힘으로 날려 보내는 대포였어. 대장군포, 이장군포, 삼장군포 등이 있었어.

주화
'달리는 불'이라는 뜻으로, 우리나라 최초의 로켓 무기라고 할 수 있어. 말을 타고 쏘는 것이 편리한 무기야.

발휘할 기회가 왔어. 1380년 왜구가 500여 척의 배를 타고 금강 어귀의 진포에 쳐들어왔을 때였어. 최무선의 명령에 따라 화포가 불을 뿜기 시작했어.

"쾅! 쾅! 우르르 쾅!"

땅을 흔드는 요란한 대포 소리와 함께 불화살이 휙휙 날아갔지. 왜구의 배들은 순식간에 화염에 휩싸여 모조리 침몰했어. 이 전투가 진포 대첩이야. 우리 역사에서 처음으로 화약 무기를 이용해 적의 배를 무찌른 해전이었어. 그 뒤부터는 왜구의 침입이 눈에 띄게 줄어들었지.

고려보다 200년 늦게 금속 활자를 발명한 구텐베르크

서양에서 금속 활자는 1447년 구텐베르크에 의해 발명되었어. 고려의 《상정고금예문》보다 200년 후였지.

구텐베르크는 알파벳을 그때그때 짜 맞추어 쓸 수 있도록 금속 활자를 만들고, 포도 짜는 기계를 이용해 인쇄기를 만들었어. 다시 말해서 금속 활자와 함께 그것을 이용해 대량으로 책을 인쇄할 수 있는 활판 인쇄기를 발명한 거야. 구텐베르크가 자신의 활판 인쇄기로 처음 인쇄한 책은 성경이었어. 덕분에 당시 유럽에서 성직자와 지식인만 읽을 수 있었던 성경이 대량으로 인쇄되어 일반 신자들도 읽을 수 있게 되었지.

구텐베르크의 활판 인쇄기는 유럽 역사를 크게 바꾸어 놓았어. 활판 인쇄기로 찍어 낸 책의 전파 속도는 전에 비해 엄청나게 빨랐지. 전에는 책 한 권을 베끼는 데 2개월이 걸렸지만, 활판 인쇄기로는 일주일에 책 500여 권을 인쇄할 수 있었거든. 구텐베르크가 활판 인쇄기를 만든 이후 50년 만에 유럽 각국에서 2,000만 권의 책이 만들어질 수 있었어.

새로운 인쇄술 덕분에 유럽의 많은 사람이 쉽게 책을 읽고 정보를 공유하며 빠른 속도로 학문을 발전시킬 수 있게 되었지.

전시회

고려 시대 예술 살펴보기

고려 사람들은 그들의 문화와 예술에 대한 자부심이 강해서 고려를 세계의 중심이라고 생각하기도 했어.
고려 사람들이 세계 최고라고 자부한 예술품들을 살펴볼까?

청자 연꽃 모양 연적

용·나무·전각 무늬 거울

청동 은입사 정병

청자가 실생활에 쓰였다니 멋져!

청자 투각 용머리 장식 붓꽂이

부석사 소조 여래 좌상

〈수월관음도〉

와우! 화려하고 아름다운 불상이야!

공민왕의 〈천산대렵도〉

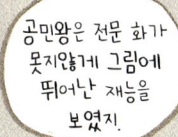
공민왕은 전문 화가 못지않게 그림에 뛰어난 재능을 보였지.

팔만대장경판(복제품)

찾아보기

ㄱ

감은사 11
강감찬 69, 70, 71
강동 6주 69
강화도 106, 107, 112
개경 40, 48, 57, 83, 84, 85, 86, 87, 112
거란 15, 16, 39, 48, 66, 67, 68, 69, 70, 71, 104
견훤 26, 27, 30, 31, 32
경순왕 31, 34
고려 28, 29
고려 종이 60
고려양 122
고려청자 134, 135, 136, 142
골품 제도 25, 33
공녀 121
공민왕 122, 123, 124, 125, 127
과거 제도 44, 45, 62
광종 43, 44,
9재 학당 62, 63
구텐베르크 133
국자감 46
궁예 26, 27, 28
귀주 대첩 71
금나라 73, 83
금속 활자 132, 133
기철 125

기황후 125
김부식 79, 85, 87, 128
김사미 97
김윤후 109, 110, 111

ㄴ

나성 71
노비안검법 43, 45

ㄷ

대식국 61
대위국 85, 87
대조영 14, 15, 16
대화궁 83
도선 48
동모산 15
동북 9성 72, 74, 75

ㅁ

마의태자 34, 35
만월대 33
만적 97, 98, 99
만파식적 12, 13
말갈족 15
망소이 95, 96
망이 95, 96
명학소 95

목판 인쇄술 132
몽골 104, 105, 106, 107, 108, 109, 110, 111, 112, 118
몽골풍 122
묘청 83, 84, 85, 86, 87
《무구 정광 대다라니경》 18
무신 정권 94, 106, 107, 108
무신의 난 90, 91, 92
문벌 귀족 78, 79, 83, 84, 85
문익점 137, 138

ㅂ

박유 55, 56
발해 14, 15, 16, 33
백수한 84
백정 53
벽란도 59, 61
변발 122, 124
별무반 72
보현원 90, 92, 94
부원 세력 121, 125
불국사 17
비단길 19

ㅅ

살리타 109, 110
《삼국사기》 128

《삼국유사》 128, 129
삼별초 112, 113
상감 청자 136
《상정고금예문》 133
서경 39, 43, 48, 83, 84, 85, 86, 87
서경 천도 운동 83, 84, 85
서희 67, 68
석굴암 17, 18
성균관 126
성덕대왕 신종 18
성종 46, 47, 67
소배압 69, 70
소손녕 66, 67, 68
송나라 59, 66, 68
송악 26
시무 28조 46
신검 30, 32
신돈 125, 126, 127
신문왕 10, 11, 13
12공도 63

ㅇ

양인 52
에밀레종 18
여진 71, 72
연등회 48, 58, 59
예종 74, 75, 79

완산주 26
왕건 28, 29, 30, 31, 32, 33
왜구 139, 141
요나라 66, 73
원나라 118, 119, 120, 121, 123
원효 18, 19
유교 46
윤관 72, 74, 75
의종 90, 92
이소응 90
이의민 92
이자겸 79, 81, 82, 83
이자겸의 난 79
인삼 60
인쇄술 132
인종 79, 81, 82, 83, 84, 85, 86, 87
일연 128, 129

ⓒ
장보고 14, 20, 21
정종 41, 43
정중부 91, 92
정지상 84
주화 140
《직지심체요절》 133

ⓒ
처인성 109, 110
척준경 81, 82, 83
천리장성 71
천민 52, 53
청해진 14 , 21
최무선 139, 140, 141
최승로 46
최우 106, 107, 108
최충 62, 63
최충헌 94, 98
충주성 110

ⓔ
태조 왕건 38, 39, 40, 41, 48, 49, 66

ⓟ
팔관회 48, 58, 59
팔만대장경 114, 115
풍수 사상 48

ⓗ
한뢰 90, 91, 92
해동성국 16
해인사 114, 115
혜종 41
호족 26, 28, 29, 40, 41, 43, 44, 45

화약 139, 140

화통도감 140

화포 140

효심 97

후고구려 26, 27, 28

후백제 26, 27, 30, 32

후삼국 26, 27, 31, 32

훈요 10조 48, 49

흥덕왕 21

사진 자료를 제공한 기관

국립중앙박물관 40쪽 〈송도전경〉 | 44쪽 함흥에서의 과거 시험 | 55쪽 조반 부부 초상화
56쪽 고려 시대의 금동과 옥으로 만든 여성 장신구 | 82쪽 인종의 시책과 청동 도장
128쪽 《삼국유사》 | 135쪽 청자 상감 구름 학 무늬 매병, 청자 투각 칠보 무늬 향로
142쪽 용·나무·전각 무늬 거울, 청자 연꽃 모양 연적, 청동 은입사 정병, 청자 투각 용머리 장식 붓꽂이
문화재청 133쪽 《직지심체요절》
삼성미술관, 리움 53쪽 〈아집도〉
성균관대학교 박물관 84쪽 〈평양도〉
송광사 성보박물관 97쪽 송광사 노비문서
전쟁기념관 15쪽 〈발해의 춤〉 | 71쪽 귀주대첩 기록화 | 108쪽 처인성 전투 민족기록화
평화문제연구소 63쪽 숭양서원 입구

 공공누리에 따라 국립중앙박물관과 문화재청의 공공저작물 이용

사진 진행-북앤포토

사진 자료를 제공한 곳

북앤포토, 연합포토, 유로크레온, 위키피디아

*이 책에 실린 모든 자료의 출처를 찾기 위해 최선을 다했습니다.
 허가를 받지 못한 일부 사진에 대해서는 저작권자가 확인되는 대로 게재 허락을 받고 사용료를 지불하겠습니다.